맹렬 서생(猛烈 書生) 노상추(盧尙樞)의 눈물 나는 **과거 합격기**

제2권 활을 잡다
1765년 을유년 (乙酉年) – 1768년 무자년 (戊子年)

영·정조 시대
양반가 청년 선비의
일상을 들여다보다

지금으로부터 약 250년 전 이 땅에서 사람들은 어떻게 살았을까요? 매일 무슨 생각을 하고 무슨 일을 하며 살았을까요? 과학기술이 눈부시게 발전하면서 1년 사이에도 세상이 크게 바뀌기 때문에 250년 전이라면 선사시대만큼이나 멀게 느껴집니다. 250여 년 전 이 땅에서 맹렬하게 살아갔던 노상추는 매일 일기를 썼는데 그의 기록으로 250여 년 전 우리 조상들의 일상을 들여다볼 수 있습니다. 그의 일기를 읽는 것은 타임머신을 타고 250여 년 전으로 시간여행을 떠나는 것입니다.

1권에서 노상추는 난데없이 큰형이 죽으면서 크게 상심하신 아버지를 대신해서 가장의 자리를 물려받습니다. 지금으로 치면 고등학교 2학년 학생이 가장이 되고 가업을 물려받아 아버지를 대신해서 매일 회사 일과 집안일을 돌봐야 하는 처지가 된 것입니다. 청년 노상추는 노비들 부려서 농사일하랴, 부모님 부양하랴, 자식 기르랴, 과거 시험 공부하랴, 동생들 시집 장가보내랴, 오고 가는 손님들 접대하랴, 집안 대소사 챙기랴, 눈코 뜰 새가 없습니다. 게다가 사건 사고가 그치지 않습니다. 호랑이가 내려와 사람을 물어 죽이고, 전염병이 창궐하고, 가뭄과 홍수는 매년 반복됩니다. 또 어머니와 아내가 같은 해에 모두 출산하다가 사망합니다. 노상추는 깊은 절망에 빠지지만 집안을 책임져야 하는 가장이 절망에 빠져있을 틈도 없습니다. 1765년 새해를 맞이한

19세의 노상추는 어머니와 아내를 잃은 충격에 일기도 한 줄 쓰지 못하고 괴로워하고 있습니다. 노상추는 자기 앞에 산적한 과제들을 어떻게 해결해 나갈까요? 집안일에 파묻혀서 과거 시험 준비는 언제 할까요? 노상추의 일상으로 함께 들어가 봅시다.

감수자의 말

정형화된 역사 공부는 그 시대 사람들의 다양한 삶과 특이성이 배제될 수 있고 대중들이 식상할 수도 있다. 이젠 역사도 실감 나게 보고 듣는 다양성이 추구된다.

『맹렬 서생(猛烈 書生) 노상추(盧尙樞)의 눈물 나는 과거 합격기』는 『노상추일기』를 근간으로 한 소설이라 하지만 실제 일기 속에 나오는 그 당시의 한 사람, 한 사람의 삶을 담은 이야기이다. 역사는 사람 사는 이야기이다. 이 책은 그냥 재미있게 읽으면 그 속에 그 시대의 삶이 보인다. 과거 급제 이후의 벼슬살이와 자식과 손자들이 장성하고 가문의 원로로서 숱한 에피소드가 있는 속편을 기대한다. 그리고 이 책의 독자들이 좀 더 심도 있는 역사 이야기 속으로 들어가는 작은 동기 되기를 기대한다.

경주 (안강)노씨대종회 회장 **노 용 순**

노상추(盧尙樞) 연혁

본관: 안강 (安康)
자: 용겸 (用謙)
호: 서산와 (西山窩)

1746년	1771년	1777년	1778년	1779년
경상북도 선산 출생	2월 무과 정시, 초시 불합격 (25세)	8월 무과 식년시, 초시 합격, 복시 불합격	7월 무과 알성시, 초시 불합격	9월 무과 식년시, 초시 합격
	10월 무과 정시, 초시 불합격		8월 무과 정시, 초시 불합격	

1792년	1793년	1798년	1800년	1805년
당상선전관	삭주부사 (朔州府使)	선전관	홍주영장 (洪州營將)	강화중군

1780년	1784년	1787년	1789년	1791년
2월 무과 식년시 복시 합격	무신 겸 선전관 임용 (38세)	진동권관 (鎭東權管)	훈련원주부	오위장
3월 무과 식년시 급제 (34세)				

1811년	1825년	1829년	1851년
가덕첨사 (加德僉使) (65세)	가선대부, 중추부동지사 제수 (79세)	사망 (83세)	병조참판, 의정부동지사, 훈련원도정에 추증

노상추의 가족

—— 아버지 노철 (盧哲, 1721년~1772년)

노상추의 아버지 노철은 어린 시절 손이 끊어진 친척의 양자로 보내졌다가 노계정의 다른 아들이 모두 사망하자 파양하고 다시 집으로 돌아와 집안의 가장 역할을 맡습니다. 원래 과거에 응시하려 했지만, 몸이 약한 어머니, 관직 생활로 항상 집을 비우시는 아버지로 인해 포기하고 집안을 돌보고 아버지의 일을 돕습니다. 첫 번째 결혼은 16세에 완산 최씨와 하여 첫아들 노상식을 낳지만 완산 최씨는 아들을 낳은 지 20일 만에 사망합니다. 노상추는 노철이 20세에 운곡에 사는 풍양 조씨와 재혼하여 낳은 아들입니다. 일기에서 노철은 장남이 사망하자 상심한 나머지 삶의 의욕을 잃고 노상추에게 가장 직을 물려준 후 유람을 다니며 소일합니다.

—— 새어머니 진성 이씨

새어머니 진성 이씨는 노상추보다 불과 나이가 두 살 많은 여성으로 퇴계 이황의 형 온계 이회의 직계 자손입니다. 어린 나이임에도 불구하고 카리스마 넘치게 집안을 다스리고 남편을 내조합니다.

—— 둘째 부인 풍산 류씨

여동생의 시아버지가 중매하여 혼인한 여성으로 명문 풍산 류씨 가문에서 자라 사려 깊고 말과 행동이 엄전하여 노상추의 사랑을 받습니다.

――― 동생 노상근 (盧尙根 1753년~1809년)

　노상추의 동생 완복(어릴 적 이름)은 형을 도와 집안일도 하고 아버지도 모시고 다니며 과거 공부를 합니다. 하지만 몸이 허약해 자주 병에 걸려 자리에 눕습니다.

――― 형수 성산 여씨

　노상추의 죽은 큰형 노상식의 부인으로 두 아들인 술증, 희증을 돌보며 살아갑니다. 시아버지 노철이 혼인하면서 난데없이 자신보다 더 어린 시어머니를 모시게 되자 힘들어합니다.

――― 여동생 노효명

　노상추의 여동생으로 안동 하회의 명문가 풍산 류씨 집안의 류항조와 혼인합니다.

――― 노정엽, 노용엽

　죽은 큰형의 두 아들로 어릴 적 이름이 술증, 희증입니다. 노상추는 자기 자식보다 더 열심히 공부시키려 하지만 둘은 워낙 개구지고 공부에는 별 뜻이 없어 노상추가 이래서 우리 가문이 어떻게 되겠냐며 걱정합니다.

차례

1. 대장부의 길 13

2. 스스로 강해진다 31

3. 서산 書算 42

4. 정심 56

5. 모든 것은 지나간다 74

6. 큰 배움 99

7. 헤어지면 다시 만난다 122

8. 붓을 던지다 138

9. 활을 잡다 155

노상추와 친인척 주거지 및 활동반경

1872년 지방도
[출처] 서울대학교 규장각한국학연구원

1. 대장부의 길

1765년 · 을유년 · 영조 41년 · 1월 · 19세

    1765년 을유년이 밝았다. 새해가 시작될 때마다 노상추의 마음이 기대로 벅차올랐지만 올해는 절망이 가득했다. 아무리 힘든 일이 있어도 인시만 되면 벌떡 일어나 세수하고 머리를 빗고 옷을 입은 후 글을 읽는 것으로 하루를 시작했지만 요즘은 그럴 수가 없었다. 아내를 땅에 묻은 후, 노상추는 마치 물속에 가라앉은 맷돌이 된 것 같았다. 누가 말을 해도 잘 들리지 않고 멍하게 있다가 옆에서 큰소리로 말하면 깜짝 놀라 대꾸했다. 큰형을 따라 어머니도 가셨고 아내도 떠났다. 어머니와 아내가 떠난 집은 빈집보다 더 쓸쓸했다. 안채에서 어머니와 아내가 아버지 옷을 짓고 있을 것 같아 문을 열어 보면 아무도 없었다. 몇달 전만 해도 이 방에 둘이 나란히 앉아 정답게 바느질을 했는데 바느질함은 그대로 있지만 사람은 가고 없었다. 노상추는 어머니와 아내의 물건들을 모두 뒷마당으로 가지고 나와 태워버렸다.

    "어무이, 이제는 편히 계시소."

    노상추는 어머니께서 항상 손에서 놓지 않았던 반짇고리함을 태워버

리며 중얼거리다가 지금 상복 안에 입고 있는 옷이 어머니께서 지어주신 옷이라는 걸 알았다. 어머니는 언제까지나 옆에 계시면서 옷을 지어주실 줄 알았다. 이젠 어머니가 지어주신 옷을 입을 수 없다 생각 하니 정월의 차가운 바람이 도끼가 되어 뼈를 찍는 것 같았다.

"여보, 잘 가게."

아내의 옷가지와 물건을 태우며 노상추는 어머니의 살림살이에 비해 얼마 되지 않는다는 걸 알고 마음 아팠다. 남편으로서 해준 것이 없었다. 과거에 급제해서 영광스런 나날이 오면 명주 치마라도 해주려고 했는데 아내 역시 그럴 기회를 주지 않았다. 거울이라도 어머니 몰래 예쁜 거 사다주마하면 언제나 손사레를 치며 괜찮다고 하던 착한 아내였다. 평생 함께 할 줄 알았는데 겨우 삼 년 밖에 같이 못 살았다. 이 집이 아내에게 평생을 머무는 장소가 되지 못했다는 게 슬펐다. 혼례를 치르고 모두의 축하를 받을 땐 아내가 어머니의 뒤를 이어 이 안채의 주인이 될 거라 생각했다.

"여보, 어머니, 흑흑흑……."

뒷마당에서 자기도 모르게 눈물을 흘리고 있을 때 위단이가 바로 옆에 와서 큰소리로 고했다.

"나으리, 오천운 어른 가신답니더."

위단이는 노상추가 눈물을 흘리는 것을 보고 민망한지 고개를 들지 않고 얼른 뒤돌아 뛰어갔다. 노상추는 소매로 눈물을 닦다가 우물가에 가서 세수를 한 후 아버님이 계시는 초당채로 갔다.

방에 들어가니 아버지와 오천운 어른이 이야기하고 계셨다. 오천운 어른은 노상추를 보자마자 일어나며 말했다.

"자네는 누워있게. 난 갈란다."

"아니 내가 배웅을……."

"아니, 아니, 누워 있으라이 카네. 상추야, 가자."

일어나려는 아버지를 만류하시며 오천운 어른은 초당채를 나가셨다. 노상추는 오천운 어른을 뒤따라가 대문 밖까지 갔다. 어른은 뒤를 돌아서더니 노상추에게 눈짓을 하며 가까이 오라고 하셨다.
　"니 이리 좀 와 봐라."
　"예? 예!"
　노상추는 오천운 어른 가까이 다가갔다.
　"대장부는 사사로운 일에 의지가 꺾여서는 안 되느니라."
　"예!"
　"그란데, 에······."
　평소 오천운 어른답지 않게 자꾸 말을 끄는 것이 이상하게 느껴졌다.
　"예, 말씀하이소."
　"그기이 말이다······."
　"예."
　"느그 집에 안주인 자리가 오래 비어 있으면 안 된다. 알제?"
　"예? 아, 예."
　노상추는 아내를 땅에 묻은 지 불과 며칠도 되지 않았는데 재혼 이야기를 꺼내시니 적잖이 당황했다.
　"마, 아직 상중이라······."
　"상중이긴 하지만 니가 그래 니 생각만 하면 안 된다. 앞으로 느그 집안을 어떻게 끌고 나갈지 크게 봐야지."
　"예."
　노상추는 오천운 어른께서 자기 집 일을 그렇게 걱정해 주시는 것이 고맙기도 했지만 좀 부담스럽게도 했다.
　"마, 우리 집안에 나한테 삼종외숙부님이 계신데 그 어른이 경주 김씨 판서공파 후손잉기라. 지금은 대구에서 약방을 하고 있다. 그 집 셋째 딸이 올해 스물다섯인데 어릴 때 두창을 앓아가 얼굴이 약간 얼금한 것 빼고는 흠잡을 기이 없다. 마, 니 생각은 우떻노?"

노상추는 정말 난감했다. 이런 이야기는 보통 아버지를 통해서 하는 게 좋지 않나, 본인에게 직접 대놓고 말씀하시니 얼굴이 저절로 붉어졌다. 그리고 아무리 그래도 노상추보다 나이가 다섯 살이나 더 많은 건 좀 그렇다. 오천운 어른이 자기를 생각해 주는 것은 고마웠지만 곰보에 나이도 스물다섯인 처자를 권하시니 속으로는 기분이 적잖이 나빴다. 날 뭐로 보시는 건가? 재혼이라는 노상추의 사정을 생각해서 백 번을 양보해도 곰보는 너무 했다.

"내가 느그 아부지한테 말을 했더이 아부지는 쓰다 달다 한마디도 안 하더라."

"아, 예."

그거야 당연하지 않은가. 아버지도 노상추에게 곰보 처녀를 권하실 리가 없다.

"아부지한테 말씀을 잘 드리가아 혼사가 이루어지도록 함 해봐라."

"아, 지금 상중이라 아무래도……."

"부모상도 아인데 뭐 어떻노? 느그 아부지는 지금 하루가 급하다 아이가. 더 나이 묵기 전에 혼인을 해야 니도 동생을 안 보겠나."

노상추는 뒤통수를 세게 맞는 것 같았다. 노상추는 자기 혼처를 이야기하는 줄 알았더니 아버지의 혼처를 말씀하시는 거였다. 노상추는 놀라지 않은 척하며 대꾸했다.

"아, 예……. 그래야지요."

"이젠 이 집 가장은 니데이. 느그 아부지는 내가 이래 권해도 남의 다리 긁는 식으로 말해가아 내가 참말로 답답더라. 이래 세월 보내 뿌면 느그 집 젖먹이 아아 둘은 우야노? 당장에야 유모가 돌보겠지마는 장차 누가 가아들을 돌보겠노? 니가 아부지 설득해서 장가를 보내드리라."

노상추는 자기도 모르게 고개를 끄덕끄덕하고 잘 설득해 보겠다고 약속드린 후 오천운 어른을 보내드렸다. 방으로 돌아오면서 노상추는 선뜻 아버지 방으로 들어갈 수가 없었다. 초당채로 갈까 하다가 머릿속이 복잡해져서 사랑채로 들어갔다. 노상추는 사랑채 안방에 있는 서안 앞에 앉아 허리를 꼿꼿이 편 채 눈을 감고 생각했다.

 '어머님께서 떠나신 지 이제 반년 됐는데 벌써 재혼 이야기를 꺼내시니 참 민망하구마. 땅속에 누워계신 어머니가 얼마나 서운하실꼬. 이 집 대를 이어가는 것은 아부지보다는 내 책임이 더 클 텐데 아부지께서는 본인 책임이라고 생각하실까. 아이다. 아부지가 얼매나 외로우시겠노. 올해 춘추가 겨우 마흔다섯이시니 앞으로 이삼십 년 더 사실텐데 아무래도 다시 혼례를 치러야 안 되겠나.'

 노상추는 자신의 슬픔에만 파묻혀서 아버지의 입장은 생각할 수도 없었다. 아내의 장례가 불과 몇 주 전에 끝난지라 재혼은 꿈도 꾸지 않았다. 큰일을 치르느라 몸과 마음의 기력이 다 빠져나가 내 한 몸 추스르기도 힘들었다. 그렇게 열심히 쓰던 일기를 쓸 힘도 없어 요즘은 한 줄도 못 쓰고 날짜에 날씨만 겨우 적어가고 있었다. 있었던 일을 쓰려하다가도 붓을 집어 던지고 옆으로 쓰러졌다. 아무 생각도 하고 싶지 않았다. 아침저녁으로 아버님 문안드리고 젖먹이 여동생과 아들 잘 지내는지 들여다보고 조문객을 받는 것만 해도 힘겨웠다. 그런데 벌써 혼례라니. 노상추는 화가 났다. 두 여자가 죽어 나간 지 며칠이나 됐다고 봉분의 흙이 마르지도 않았는데 혼례라니. 아무리 앞일을 생각한다지만 어찌 이리도 무정하단 말인가. 평생 아버지를 위해 고생하신 어머니가 가엽다. 이리도 쉽게 잊혀진단 말인가. 조금 전에 태워버린 어머님 물건을 괜히 태웠다는 생각이 들었다. 그냥 둘걸. 조금이라도 더 두고 어머님을 기억할걸. 아무리 여자라지만 집안의 대를 잇기 위해 죽은 목숨, 삼년상은 지내줘야 하지 않은가. 이 집 대를 이을 사람은 노상추도 있고 완복이도 있다. 아버지는 대를 잇는 과업을 이미 마치셨다. 대를 잇는 과업은 이제 노상추와 동생 완복에게 있었다. 혼례는 노상추와 완복이가 급한 것이 아닐까. 노상추는 어머님 장례 때 아버지께서 크게 울지도 않으시고 건건한 모습이었던 것이 기억났다. 아버지는 어쩌면 노상추처럼 그렇게 슬픈 건 아니었는지도 모른다. 어머니가 아들을 낳지 못하시고 딸을 낳아서 실망하신 건가. 아버지를 위해, 안강 노씨 가문을 위해 목숨을 바친 어머니의 초상을 당연히 아버지께서 삼년상으로 치러주실 줄 알았다. 당연하게 그렇게 생각했다. 하지만 현실은 봉분의 흙 마르기도 전에 재혼 이야기가 나오는 것이다. 아버지는 언제까지나 자신의 아버지, 자신의 어머니의 지아비일줄 알았는데 별안간 다른 여인의 지아비가 된다고 생각하니 낯설게 느껴졌다. 어머니께서 돌아가셨으니 당연히 그 자리는 다른 여인이 채워야 하는 것이 맞지만 그래도 간 사람에 대한 예의라는 게 있어야 하지 않을까. 최소한 일 년이라도 말이다.

"형님, 와 그라고 있노?"

완복이가 문을 열고 들어오며 말했다. 노상추는 눈을 감고 상념에 잠겨 있다가 깜짝 놀라 눈을 떴다.

"아, 왔나. 오후에 조문객들은 더 안 오셨나?"

"그래. 오늘은 오천운 어른 가신 후로는 안 오셨다. 날씨가 춥아가아 그렇다 아이가."

"그래. 이제 저녁 무야지."

"형님, 상중이라도 기진하면 안 되이까네 채소도 무라꼬 아버지께서 카시더라."

"알았다."

"형님, 이제 형님은 우야노."

"우야기는 뭘 우얀단 말이고?"

"이제 겨우 나이 스무 살인데 또 장가를 가야 안 되나?"

"시끄럽다. 상중에 무신 소리고."

"졸지에 우리 집에 죄 홀애비에 과부에, 처녀, 총각이다. 결혼한 사람이 없다."

 큭! 그러고보니 아버지도 상처하시고 노상추도 상처하고 완복이는 아직 미혼이고 효명이도 미혼이고 형수는 청상이다. 우리 집 사람들은 모두 배우자가 없다. 완복이의 말이 너무 웃겨서 자기도 모르게 픽 웃어버렸다. 하지만 집안을 이끄는 가장으로서 노상추는 앞으로 어떻게 해야 할지 모르겠다. 누구 혼례가 먼저일까.

"완복아."

"와?"

"니도 이제 열세 살이면 곧 장가갈 때다 아이가."

"글치."

"장가가고 싶나?"

"모리겠다. 내보다 누나가 시집을 가야지."

"니 말이 맞다. 그라믄 우리 집에서 누가 제일 먼저 혼례를 치러야 할꼬?"

"누나가 시집을 가든지 형이 새장가를 가든지 해야 안 되나."

"틀렸다."

"머기 틀리노?"

"아부지께서 장가가시야 된다."

"머라꼬? 아부지께서 장가를 가신다고?"

"그래. 찬물도 위아래가 있는 법인데 혼자 되신 아버지께서 먼저 혼례를 올리셔야지."

"아, 글라?"

 완복이도 노상추 말에 충격받는 것 같았다. 아버지께서 혼례를 올리신다니, 새어머니를 모신다니! 좋고 싫고를 떠나 아직 너무 낯설었다.

"아부지께서 가실라카나?"

"못 가실 건 없지. 아직 안 여쭤봤다."

"혼처는 있나?"

"오천운 어른께서 말씀하시는 데가 있더라. 대구에 사는 약방집 딸인데 얼굴이 조금 곰보긴 해도 나이가 스물다섯에 괜찮다 카더라."

"스물다섯? 아부지가 스물다섯 살 처녀한테 장가를 든단 말이가?"

"아직 아부지한테 여쭤보지는 안했다. 오천운 어른께서 나한테 아부지한테 잘 말씀드려서 그 처자와 혼례를 올리도록 해보라고 내한테 부탁을 하시더라."

"형은 우에 생각하는데?"

"내가 무슨 생각이 있겠노? 아부지 하시고 싶으시면 하시는 거지."

"그라믄 형은 장가 안 가나?"

"니 형수 죽은 지 며칠 됐다꼬 내가 장가를 든다 만다 하겠노."

"그라믄 아부지도 엄마 가신 지 며칠이나 됐다고 장가를 가겠노 안 하시겠나?"

"니는 아부지께서 빨리 혼례를 올리셔야 할 것 같나?"

"잘 모리겠다. 이런 건 처음 겪어봐 가아 머가 좋은지도 모리겠다. 형은 우째 생각하는데?"

"내도 모리겠다. 마. 오천운 어른 말씀대로 아부지 장가를 가시라고 해야 할지 모른 체해야 할지 내도 모리겠다."

그때 효명이가 문을 열고 들어왔다.

"오빠, 그 말이 지금 진짜가? 아부지가 장가가신다는 기이 참말이가?"

"조용히 해라. 아이다."

효명이는 저녁 먹으라고 말하러 왔다가 둘이 이야기하는 걸 들었다.

노상추는 손가락을 입에 대며 아랫것들 들겠다고 조용히 하라고 했다. 효명이는 곁에 와서 앉았다.
"무슨 소리고?"
"오천운 어른께서 내보고 대구에 있는 혼처 자리를 이야기하시면서 아부지 장가가시라고 설득하라 카시더라."
"아부지를 설득하라꼬? 와?"
"아부지가 혼처 이야기를 들으시고도 남의 이야기로 들으시더라."
"아부지가 결혼하기 싫으시면 안 하시면 되제. 오빠가 말한다꼬 들으시겠나?"
"자식 된 도리로 홀로 되신 아버지가 외롭지 않게 사시도록 해드려야지."
노상추가 어른스럽게 말했다.
"암만 그래도 엄마가 돌아가신 지 얼마나 됐다꼬 벌써 재혼 이야기를 하노. 땅속에 있는 엄마가 너무 불쌍타. 엄마가 이래 허무하게 세상을 뜨실지 누가 알았겠노, 흑흑······."
효명이는 눈물을 뚝뚝 흘리기 시작했다.
"울지마라. 아부지 들으실라."
"상중인데 와 못 우노. 그라고 혼례는 나이가 꽉 찬 내부터 해야 안 되나. 아부지는 벌써 두 번이나 혼례를 올리셨는데 또 장가를 가시면 세 번째다 아이가. 또 삼년상을 지낼 동안 집안에 혼례를 못 올리다가 아부지부터 장가가시면 내는 도대체 언제 시집가노. 혼담 오가기도 전에 내는 노처녀 될 판이다. 우야노, 엉엉······."
효명이의 이야기를 듣고 보니 효명이 말도 맞았다. 세월은 유수와 같이 흐르는데 앞으로 초상에만 매달리다 보면 혼기가 찬 여동생의 혼사에 지장을 줄 수도 있다. 아버지가 혼자 사시도록 내버려두는 것도 보기 좋지 않다. 아버지의 의중이 어떠신지 모르겠지만 남들의 이목도 있는데 아무리 아내상이라도 일년상은 지내야 하지 않을까. 이제 겨우 여섯 달남짓 지났는데 소상이라도 지내고 혼처 이야기를 꺼내는 게 좋지 않을까.

저녁에 아버지, 완복이와 노상추는 어머니 신주 앞에서 곡을 했다.
아버지께서 곡을 하시는 소리가 왠지 그렇게 슬프게 들리지는 않았다. 큰형이 죽었을 때 아버지는 지금의 노상추처럼 마음이 무너져 내려 일상생활을 하기도 버거워하셨다. 하지만 지금 아버지는 슬픔에 힘겨워하기는커녕 쌩쌩하셨다. 노상추는 아버지께서 그래도 자기보다 기력을 차리시고 건건한 모습으로 집안일을 지휘하시는 것을 보고 자식을 위해 힘을 내시니 다행이라 여겼다. 아버지 마음도 자기 마음과 같을 거라고 당연히 생각했는데 그게 아닐지도 모른다. 아버지께서는 더 이상 슬픔에 겨워하지 않으신다. 슬픈 표정이셨지만 말씀과 행동에 여유가 있었다. 그게 다행이라면 다행이지만 서운하다면 서운한 일이었다.

아버지를 모시고 안채에 모여 식사했다. 아버지는 시종일관 무표정하셔서 노상추가 말을 꺼내기가 어려웠다. 형수와 위단이가 상을 내어가고 아버지와 완복이, 효명이가 남게 되자 노상추는 말을 어렵게 꺼냈다.

"아부지, 오천운 어른께서 가시면서 저한테 당부를 하나 하셨습니다."
"먼 당부를 하도?"
"아부지께서 혼인을 서두르도록 잘 말씀을 드리라 카시데예."
"혼인?"
"예, 저도 그 말씀을 듣고 좀 당황스러웠습니다."
아버지는 눈을 감으시고 아무 말씀이 없으셨다.
"아직 상중이라 혼사 이야기를 꺼내는 것이 맞지 않는 것 같은데 우쨌든 오천운 어른 말씀은 대구에서 약방을 하시는 친척분이 계신데…….”
 "됐다. 내도 들었다."
 "아, 아부지한테도 말씀하셨등교?"
 "그래, 했다. 내도 다 들었다. 내 아무 말도 안 했다. 내가 아무 말도 안하면 무신 소린지 알아들어야 할텐데 그 친구가 조급한 마음에 니한테 그래 말을 했구나. 천운이도 내를 생각하는 마음에서 그런 말을 했을 터. 그냥 흘려들어라. 내는 생각이 없다."
 아버지께서 칼로 두부를 자르듯 잘라 말씀하시는 것을 듣고 노상추는 마음이 환해졌다. 효명이와 완복이도 그제서야 긴장했던 표정이 풀어졌다. 아버지께서는 자식들을 둘러보시더니 미미한 미소를 띠시며 일어나셨다.
 "내는 내일 아침 일찍 성곡에 다녀올테니 그리 알아라."
 노상추는 아버지에 대해 잠시나마 서운하게 생각한 것을 반성했다. 큰어머니는 비록 삼년 남짓 같이 살았지만 노상추 어머니는 아버지와 이십오 년을 함께 살았다. 이십오 년이면 해로를 했다고 할 수 있을 터. 아버지는 역시 어머니에 대한 의리를 저버리지 않으신 게다. 이십오 년을 함께 산 부인에게 일년상도 치러주지 않고 혼인을 하시지는 않을 것이다. 오천운 어른께서는 왜 그렇게 성급하게 이야기를 꺼내셨을까. 노상추는 자신이 어른의 입장을 모두 헤아리지 못한다는 것을 알았다. 모두 자기 마음 같은 것이라 생각했는데 세상일은 그런 게 아니었다. 노상추는 자기가 아직 턱없이 미숙하다는 것을 알았다. 아버지의 마음과 입장도 헤아리지 못하는 짧은 소견으로 이 험한 세상을 살아 간다는 게 두려운 생각이 들었다.
 정월도 이제 하순으로 접어들었다. 천지가 얼어붙어 어디에도 생명의 싹은 찾아볼 수 없었다. 노상추의 마음과 생각도 얼어붙어 가는지 공부를 하려고 책을 펴도 글자가 눈에 들어오지 않았다. 일기도 쓸 수가 없었다. 글이라는 것도 기를 모아 쓰는 것인데 아무리 애를 써도 기가 모이지 않았다. 작년에 두 번의 장례식을 치르며 아무래도 몸과 마음을 너무 소모한 것 같았다. 집안에는 문상객들이 계속 찾아왔고 노상추는 의례적으로 손님들을 맞이하고 배웅을 했다. 오천운 어른은 아버지께서 출타하고 안 계실 때 집에 들르셔서 혼담 이야기를 다시 꺼내셨다.

"느그 아부지가 그래 딱 잘라 말하다?"

"예. 아부지께서는 상중이라 아직 혼담을 꺼내시는 것을 탐탁케 생각하지 않으십니더."

그 말에 오천운 어른은 약간 뒤틀린 미소를 지어보이다가 이내 진지하게 말씀하셨다.

"아, 그래. 알았다. 내가 양실당(아버지의 호)의 생각을 미처 헤아리지 못했구마는."

노상추는 오천운 어른에게 점심을 잘 대접했고 어른은 집안에 환자가 있다며 바로 돌아가셨다. 저녁 무렵 아버지께서 출타하셨다가 돌아오셨는데 왠지 얼굴이 밝아보이셨다.

"아버지, 잘 다녀오셨습니꺼?"

"그래."

노상추는 상중이라도 아버지께서 낙심하지 않으시고 건강한 모습이셔서 퍽 다행이라 생각했다. 이 집의 주인은 누가 뭐래도 아버지시기에 아버지의 건재함은 우리 집안의 건재함이었다. 노상추도 아버지를 보며 힘을 얻었다. 그래, 살아가야 한다. 며칠 후 아버지의 이종형 되시는 이여옥 외종숙 어른이 오셨다. 검쇠가 초당채에 가서 외종숙 어른이 오셨다고 고하자 아버지께서는 활기찬 모습으로 나오셔서 외종숙 어른을 맞이하셨다.

"형님, 어서 오시이소."

"오셨습니까?"

노상추가 인사를 드렸다. 외종숙께서는 노상추의 손을 잡아주며 위로의 말씀을 해주신 후 어머니의 신주 앞에 가 문상을 드렸다. 그리고 초당채로 가서 아버지와 이야기를 나누셨다. 위단이가 찻상을 초당채에 들여놓았고 두 분은 한참을 이야기를 나누셨다. 외종숙은 한나절 있다가 돌아가셨는데 아버지께서 외종숙의 배웅을 대문 밖 멀리까지 나가셨다. 노상추는 두 분이 저렇게 친밀한 사이였는지 조금 의아했다.

두 분이 아주 요긴한 대화를 나누는 것 같았다. 배웅을 마치시고 돌아 오신 아버지 얼굴은 벌겋게 상기되어 있었다. 노상추는 의아한 생각이 들어 아버지께 여쭤봤다.

"아부지, 무슨 일 있능교?"

"일은 무신! 아무것도 아이다!"

"아부지, 안색이 상기되셨습니다. 외종숙 어른께서 무슨 말씀을 하셨는데 그러십니꺼?"

"상기되긴 무슨!"

아버지는 헛기침을 몇 번 하시더니 초당채 방으로 들어가셨다. 노상추는 평소 아버지 모습과 달라서 뭔가 이상하다고 생각했다. 그날 아버지께서는 식사도 혼자 하시고 뭔가 골똘히 생각하셔서 옆에서 불러도 잘 대답하지 못하셨다. 노상추는 뭔가 일이 있다고 짐작했다. 저녁 곡을 마친 후 식사를 하고 아버지는 초당채에 드셨다. 노상추는 사랑채에 들어 피곤해서 누워 있는데 밖에서 소리가 났다. 아버지께서 초당채에서 나오셔서 마구간 쪽으로 가셨다. 마구간과 고방, 창고는 매일 노상추가 아침저녁으로 둘러보고 있어 아버지는 따로 보지 않으셨다. 그런데 왜 마구간으로 가시는 걸까? 노상추가 나와서 보니 아버지는 마구간 앞에서 말을 한참 쳐다보시더니 그 옆 고방으로 들어가셔서 한참 만에 나오셨다. 아버지는 다시 초당채로 걸어오시다가 사랑채 마루에서 자신을 보고 있는 노상추를 보고 흠칫 놀라셨다.

"아부지, 마구간이랑 고방은 와 들다 보셨습니꺼? 시키실 일 있으시면 말씀하이소. 제가 다 하께예."

"아이다. 쉬거라."

아버지는 쏜살같이 당신 방으로 들어가셔서 문을 쾅 닫으셨다. 다음 날 아버지께서는 아침 식사를 하시면서 뜬금없이 우리 집 가마를 손봐야 하지 않냐고 하셨다.

"제가 보기에는 괜찮은 것 같은데예."

"옆에 칠도 다 벗겨지고 문짝도 덜렁거리는 것 같던데 괘안캤나? 새로 달아야 안 되나? 아, 마, 내가 보이, 마, 술증 애미가 타고 친정 갈 때 너무 초라해 보인다 싶어서 하는 말이다."

"초라하기는요? 선산에서 우리 집 가마만큼 잘 만든 가마도 없십니더."

"아, 글라?"

아버지 얼굴이 환해지셨다. 우리 집 가마가 좋다는 말에 아버지께서 저렇게 좋아하실까. 아버지는 그날 장터에도 다녀오셨다. 아버지 께서 직접 장에 가시는 일은 처음 봤다. 그런 일은 보통 아랫것들을 시키셨는데 직접 가시다니 좀 의아했다. 다음 날 정오 무렵 며칠 전 오셨던 외종숙 어른이 다시 오셨다. 외종숙 어른은 다소 상기된 얼굴로 오시자마자 아버지의 초당채로 들어가셨다. 노상추는 마침 문상객도 없고 집 안이 조용해서 초당채 앞으로 걸어갔다. 아버지의 목소리가 들려왔다.

"아, 그래! 그기이 참말이가?"

"그렇다이까네. 내가 안 캤나? 철이 니 정도면 그 집은 쌍수를 들고 환영할끼라고."

"그런 집안에서 내를 그래 좋아하다?"

그 말에 노상추는 흠칫 놀랐다. 이건 혼담이다.

"하모, 말이라 하나. 이 생원은 내랑 오래 알고 지낸 사이다. 이름은 원복인데 원복이는 스물아홉에 생원시에 입격했다."

"아이고 젊은 나이에 입격했네. 실력이 출중하셨구마."

"두말하면 잔소리제! 어릴 때부터 신동 소리 들었데이. 그란데 회시는 죽어도 안되더란다."

"사람이 다 운이라는 기이 있다. 초시는 금방 돼도 회시에 죽어도 안 되는 사람이 어디 한둘이가. 그거는 학문이 모자라서가 아이고 운이 없어서 그렇다."

"그라다 보이 마 사는 기이 마이 어려버진기라. 그래도 원복이 내자가 여장부라 살림을 요래조래 해가아 아들 하나에 딸 셋을 잘 키운갑더라."

"그란데 그렇게 지체 높은 양반 가문에서 나이 많은 나한테 딸을 선뜻 줄라카다?"

"철이 느그 집안이 보통 집안이고? 안강 노씨 가문이 어떤 가문인지는 마 이 바닥 사람들이라면 모르는 사람이 없을 끼고, 철이 니는 느 그 아부지께서 병마절도사까지 하신 마당에 뭘 그리 자신 없어 하노?"

"자신이 없는 기이 아이고 그 집안이 퇴계 이황 가문이라 카이 내 하는 소리다. 경상도에서 제일가는 가문 아이가?"

"하모, 그걸 말이라 하나. 그래서 그 집안도 혼사를 결정할 때 얼마나 많이 따지겠노? 원복이는 온계 이회의 직계 후손이라. 온계 이회 선생이 누고? 퇴계 이황의 형이다 아이가. 그 집도 살림이 좀 궁해서 그렇지, 상주에서는 이름난 양반 가문이라. 철이 니가 그 집 사위가 되모 마 안강 노씨 가문도 이제 퇴계 이황 가문과 혼인으로 맺어지게 된다 이기라. 이거야 말로 경사다 아이가."

"허허, 뭐 그야 글치."

"그래도 내가 쪼매 조심스러버가아 뜸을 들여가며 니 이름을 말했더니 갑자기 이 생원이 눈을 번쩍 뜨면서 그기이 참말이냐 묻는기라. 안강 노씨 가문에 노철이라 카이 아주 흡족해하더라."

"허허, 그것참! 형님이 그 처자를 봤나?"

"하모. 내가 이야기하고 나오는데 이 생원이가 딸들을 불러가 내한테 인사를 시키드라. 딸 셋이 모두 단정하니 아주 곱더라꼬. 그란데 그 중에 셋째딸을 주마 카더라. 야야, 철이 니 진짜 처복 터졌데이. 딸 서이 중에 셋째가 젤로 얼굴이 곱상하고 눈빛이 반짝반짝 빛나더라. 나이도 겨우 스물두 살 아이가."

"스물둘! 허허, 그라믄 마 후사를 생산하는 데에는 지장이 없겠네."

"하모! 말이라 카나. 그라면 날을 잡자. 그 집은 복잡한 절차는 다 생략하고 마 빨리 하자 카더라. 쇠뿔도 단숨에 빼라고 이런 혼사는 미적거렸다가는 파투 나는 기라. 이 생원은 다음 달 13일이 좋다 카던데 니는 어떻노?"

"담달 13일? 좋다!"

"오야! 그라믄 마 스무날 남짓 남았네. 그 안에 혼례 준비가 다 되겠나?"

"내가 요즘 장터 다니면서 필요한 물건들을 부탁해 놔서 대강 준비는 했다. 가마는 수리를 좀 해야 되고 말은 빌려야 될 것 같다. 이제 결정이 났으니까네 내가 바짝 준비하면 그날에는 맞출 수 있다. 그라고 기왕 이렇게 된 거 육례를 다 갖춰 혼례를 올리지는 몬하고 마 13일에 처가에서 혼례식을 올리고 하룻밤 자고 그 다음 날에 바로 신부 델고 집으로 올란다. 내 혼서를 써주꾸마."

노상추는 그 말을 듣고 힘이 쭉 빠져서 다시 사랑채로 돌아와 마루에 털썩 앉았다. 아버지께서 스물두 살 처녀에게 장가를 가시다니. 형수가 스물아홉인데 형수 보다 일곱 살이나 어린 신부를 보시다니. 그나마 노상추보다 두 살이나 많아서 다행이었다. 이게 좋은 일인지 나쁜 일인지 분간이 안 갔다. 마음은 서운한데 새어머니를 맞이하게 되니 기뻐해야 할 것 같다. 갈 사람은 가고 올 사람은 오는 것이 세상 이치일진대 올 사람이 생겼으니 기뻐하는 것이 옳겠지. 하지만 왜 이렇게 눈물이 나고 마음이 아픈 것일까. 분명히 하늘에 계신 어머니도 아버지께서 명문가의 젊은 처자와 결혼을 하시는 것을 기뻐하실 텐데 왜 노상추는 눈물이 나는 것인지 알 수가 없었다.

저녁 식사 후 외종숙 어른은 바삐 집을 떠나셨다. 외종숙 어른은 배웅을 하는 노상추와 완복이, 효명이를 보고 의미심장한 미소를 지었다. 이윽고 아버지께서 노상추를 초당채로 부르셔서 가보니 아버지께서는 눈을 감고 서안 앞에 앉아 계셨다.

"상추야."

"예!"

"내가 장가들라 칸다."

"예."

노상추는 담담하게 대답했다. 아버지는 눈을 뜨고 상복을 입고 있는 노상추를 가만히 보았다.

"남자가 가는 길과 여자가 가는 길은 다르다."

"예."

"사내대장부는 계집에 연연하지 않는 법이다."

"예."

"너에게는 하늘 같은 어머니지만 내게는 계집에 지나지 않는다. 장부가 가는 길을 계집이 막을 수는 없다."

"예."

"우리 집안을 안주인이 없는 채로 둘 수도 없는 법. 내가 먼저 장가를 갈 터이니 너도 상을 마치는 대로 장가를 가서 자식을 생산하도록 하여라. 그게 무엇보다 시급한 일이다. 자식을 낳지 않는 것은 부모에게는 큰 불효니라."

"예."

"우리 집에는 지금 혼사를 해야 하는 사람들이 줄줄이 있으니 내 혼사는 최대한 빨리 치르겠다. 완복이, 효명이 혼사도 늦춰지지 않도록 준비해라."

"예."

아버지는 한동안 말씀이 없었다. 노상추는 일어나 나가려 하다가 다시 고쳐 앉고 말했다.

"지는 아부지께서 재혼에 뜻이 없으신 줄 알았심더."

"와?"

"오천운 어른이 말씀하실 때 생각이 없다 카셔서."

"그거는 그 약방집 혼처가 마음에 들지 않아서 그런 거지 내가 와 홀애비로 늙겠노? 우리 안강 노씨 가문에 약방집 혼처가 말이 되나? 니는 혼례를 치러 보고도 그런 소리를 하나. 천운이가 나를 위해서 한 소리라 고깝게 듣지는 않았다마는 나이도 스물다섯이면 너무 많다. 그 나이 되도록 시집을 못 갔다하면 뭔가 문제가 있다는 소리다. 또 우리 같은 양반이 약방을 하는 중인과는 절대 혼인하는 기이 아이다. 우리 집 격이 떨어진다. 그런 집 처자는 첩이라면 몰라도 본처라면 택도 없는 소리다. 천운이는 분명히 내가 나이가 많으이 까네 그런 집안이라도 괘안타 했겠지마는 내는 그 소리를 듣자마자 화가 벌컥 나더라. 내를 뭘로 보고, 에잉 쯧쯧!"

2. 스스로 강해진다
1765년 · 을유년 · 영조 41년 · 2월 · 19세

　아버지의 혼례일이 사흘 앞으로 다가왔다. 새벽에 말 울음소리에 벌떡 깼다. 노상추가 옷을 입고 나가보니 노비들이 마구간 앞에 모여 있었다. 검쇠가 말했다.
　"도련님, 보시소. 얼룩 망아지가 태어났습니더."
　그 허약한 말이 망아지를 낳을 줄은 몰랐다.
　"고놈, 똑똑하게 생깄다."
　노상추는 오랜만에 마음이 흡족해졌다. 망아지는 비틀거리며 넘어질 듯하다가 네 발로 땅에 섰다. 그러더니 어미 젖을 빨아 먹는 것이었다. 노상추는 그 모습을 보고 마음이 찡했다. 비틀거리는 모습이 마치 자기 모습 같았다. 저 망아지는 엄마의 젖을 빨아 먹고 힘을 얻을 것이다. 하지만 노상추는 이제 어머니가 없다. 옆에서 자기를 도와줄 아내도 없다.
　'니가 나보다 낫구나. 망아지야, 니는 좋겠다. 엄마도 있고.'
　노상추는 그런 생각을 하다가 문득 자신이 나약하다는 걸 알았다.

'내가 와 이라노. 다 큰 자식이 말이다.'

노상추는 귀한 말이 한 마리 늘어나 퍽 기쁘고 마음이 든든해졌다. 노상추는 온 집을 한번 둘러보며 간밤에 별일 없었는지 확인했다. 위단이가 사랑채 앞에 세숫물을 대령했다. 노상추는 세수를 하고 방에 들어가 의관을 다시 정제했다. 아직 일기는 쓸 힘이 없었다. 왜 그런지는 모르겠다. 일기를 쓰기 싫었다. 내가 이러면 안되지. 노상추는 마음을 다잡으며 일기를 열었다. 날짜와 날씨를 쓰고 다음 뭘 쓸지 고민했다. 생각이 너무 복잡해서 뭘 쓰고 뭘 쓰지 말아야 할지 헷갈렸다. 그리고 딱 한 줄 썼다.

"오늘 말이 망아지를 낳았다."

그리고 일기를 덮었다. 어제 일을 기억하고 싶지 않았지만, 자꾸 뇌리에서 맴돌았다. 어제 낮에 아버지께서는 덕돌이와 검쇠를 데리고 소달구지를 몰고 장에 다녀오셨다. 돌아오셨을 때 소달구지에는 장에서 사 온 명주와 비단, 금가락지 한 쌍, 옥가락지 한 쌍, 금비녀 두 개, 호박 노리개, 병풍, 패물함, 경대, 거울, 화문석, 요강, 쟁반, 남녀 베개, 신부를 위한 비단 치마와 저고리 등등 혼수가 수도 없이 실려 있었다. 아버지는 물건들을 모두 사랑채에 올려놓게 하신 뒤 효명이와 형수를 불러서 정성스레 닦고 접어서 함에 넣으라고 했다. 형수는 패물함에 가락지를 하나씩 닦고 넣으면서 얼굴이 점점 어두워갔다. 특히 찬란하게 빛나는 금비녀를 닦을 때 눈에서 눈물이 고였다. 효명이도 떨떠름한 얼굴로 경대를 닦으면서 형수를 흘끔흘끔 보았다. 형수의 머리에는 나무 비녀가 꽂혀 있었다. 상중이라 당연하지만, 사실 형수는 시집올 때 금비녀는 구경도 못 했다. 아버지가 새 신부를 위해 준비한 패물은 눈이 휘둥그레질 정도로 화려했다. 평소 사치를 멀리하고 검소하게 살아야 한다고 가르치시던 아버지께서 이렇게까지 무리를 하시다니 노상추도 적잖이 놀랐다. 소문이 어떻게 났는지 선산에 들어오던 방물장수란 방물장수는 모두 노상추의 집을 찾았다. 아버지는 효명이를 시켜 새어머니를 위한 빗, 바느질함, 실패, 분 등을 사도록 했다. 또 윤이 아재에게는 혼행에 쓸 말 열 필을 새 말안장 올려 빌려오라고 하시고 공인을 불러 가마를 화려하게 수리시키셨다. 노상추에게는 가마꾼과 말잡이, 지게꾼, 신부를 모실 여종들을 구해오라고 하셨다. 노상추는 집에 있는 노비들 외에도 신행을 해줄 동네 장정들을 돈을 주고 구해 놓았다. 아버지는 한껏 들뜨셔서 아무리 사도 부족하다는 표정이었다. 항상 엄한 표정으로 어머니를 대하셨던 아버지와는 너무나 달랐다. 노상추는 아버지를 모르고 살았다는 걸 알았다. 자기가 아버지라고 생각했던 아버지는 진짜 아버지가 아니었다.

새로 태어난 망아지가 노상추에게 기쁨을 줬다. 잘 크면 관우가 타던 적토마 부럽지 않게 클 것이라 생각하니 기분이 좋아졌다. 노상추의 삶에도 계속 새로운 무언가가 태어나고 있었다. 여동생도 생기고 아들도 생기고 망아지도 생겼다. 여동생과 아들은 쑥쑥 크고 있다. 그렇다. 노상추에게는 미래를 위한 희망이 자라고 있다. 아내와 어머니와는 헤어졌지만 새로 여동생과 아들이 찾아왔다. 늙고 허약한 말인 줄 알았는데 망아지를 낳은 것처럼 힘든 상황 속에서 새로운 희망이 계속 찾아오고 있다. 희망은 갓 태어난 망아지처럼 비틀거리지만 이내 바로 다리에 힘을 주고 힘차게 땅을 딛고 일어선다. 노상추는 서안 옆에 있던 책 중에 아무 책이나 뽑아 들었다. 그 책은 주역 대상전이었다. 그 첫 번째 괘에는 할아버지께서 돌아가시기 전에 가르쳐주셨던 글이 있었다.

'天行健 君子以自強不息 (천행건, 군자이자강불식)이라. 하늘의 운행이 강건하니, 군자는 이를 본받아 스스로 강해지기 위해 쉬지 않는다. 흥복(노상추 아명)아, 이 말이 무슨 말인 동 알겠나?'

'모르겠습니더.'

'하늘은 언제나 강건하게 운행해서 사계절이 바뀌고 눈과 비를 내린

다. 하늘이 무너지면 우예 되겠노?'

'깔려죽습니더.'

'그래에. 하늘이 무너져서 해와 달과 별이 땅에 떨어져뿌면 사람도 싸그리 죽는기라. 그래서 하늘은 절대 무너지지 않는다. 하늘은 스스로 강해서 천지를 운행하고 삼라만상을 다스린다. 그래서 군자는 하늘을 본받아 스스로 강해질라꼬 노력한다. 그기이 자강불식이라 카는 기다. 군자는 무슨 일이 터져도 하늘처럼 무너지지 않고 강하게 따악 버티는 기이다. 사내대장부가 가시나맹쿠로 요렇게 됐다꼬 찔찔 짜고 조렇게 됐다꼬 징징대고 그라면 되겠나 안 되겠나?'

'안됩니더.'

'그으래! 그래야지. 우리 흥복이는 군자가 돼야겠나, 소인배가 돼야겠나?'

'군자가 되어야 합니더.'

'암! 우리 흥복이는 군자가 되어야지! 하늘 겉은 군자가 되어 스스로 강해져야 하느니라아.'

'예!'

'허참, 고놈 똑똑타. 자, 니가 읽고 뜻을 말해보거라.'

'천행건, 군자이자강불식이라! 하늘의 운행이 강건하니 군자는 이를 본받아 스스로 강해지기 위해 쉬지 않는다.'

할아버지는 어린 손자가 정확하게 글을 읽어내자 기쁜 마음에 무릎을 치며 좋아하셨다.

'그렇지! 그만하면 장원급제 감아다아.'

노상추는 다시 서안에 앉아 자세를 바로 하고 그 구절을 읽고 또 읽었다. 하늘이 운행하듯 인간사도 운행한다. 스스로 강해질 일이다. 노상추는 약한 감정에 휘둘렸던 것을 반성하고 다시 굳센 선비의 모습으로 돌아오기로 했다. 아버지를 위해서. 희망을 위해서.

아버지의 혼례날이 됐다. 아버지는 상복을 벗으셨다. 삼년상은 노상추의 몫이 됐다. 슬픔은 나의 몫, 기쁨은 아버지의 몫이다. 아버지는 사모관대를 차려 입으시고 방에서 나오셨다. 긴장된 표정이었지만 기분이 좋으신 것 같았다. 노상추는 비록 자신은 슬플지언정 아버지의 밝은 표정을 보니 좋았다. 허리병을 오래 앓아 아버지는 말에 힘겹게 오르셨다. 버둥대는 말을 노상추가 단단히 잡았다. 아버지께서 말안장에 자리를 잡으신 것을 확인하고 노상추는 말고삐를 단단히 잡았다.

"아버지, 좋으십니꺼?"

노상추는 뒤를 돌아 말에 올라탄 아버지를 올려다보고 웃으며 말했다. 아버지는 노상추를 내려다보며 말했다.

"하모. 말이라 카나! 니도…… 좋나?"

"하모요!"

상복을 입을 노상추는 혼례복을 입은 아버지를 올려다보고 씽긋 웃었다. 그리고 말고삐를 잡아당기며 힘차게 말했다.

"자, 가자!"

노상추는 신행 행렬을 이끌고 상주 장곡의 신붓집을 향해 가기 시작했다. 날이 무척 쾌청했다. 아버지의 성대한 신행 행렬을 보러 동네 사람들이 길에 나와 구경했다. 노상추를 보고 소맷부리를 눈으로 가져가는 여인들도 있었고 아버지를 보고 축하한다고 소리치는 할배들도 있었다. 노상추는 그 무엇도 느끼지 않고 오직 하늘처럼 건건한 모습이 되려 노력했다. 노상추는 신행길을 걸어가며 알았다. 하늘이 건건한 것은 슬프지 않아서가 아니다. 하늘이 건건한 것은 땅 위에 피어나는 온갖 슬픔과 아픔을 가슴에 품고 있기 때문이다.

이월에 낙동강 강바람은 살을 에는 듯 불어댔다. 신행 행렬은 낙동강을 따라 상류 쪽으로 쭉 걸어갔다. 뒤를 돌아보니 모두 추워서 오들오들 떨며 걸어오고 있었다. 가마 앞에 걷고 있는 잇분이와 계단이는 신부의 시중을 들기 위해 따라왔는데 오랜만에 나들이해서 그런지 신이 났다.
"새 신부 인물이 고우실까?"
"새 신부 연세는 얼마나 되셨을꼬?"
노상추도 새어머니 될 사람이 어떻게 생겼을까 궁금했다. 나이는 자기 또래이니 젊을 테고 명문가 양반댁 규수이니 행동거지야 안 봐도 훤하다. 노상추의 어머니도 풍양 조씨 가문의 후손으로 긍지가 높으셨고 말과 행동에 격이 높았다. 미인이라고 까지는 못하지만, 인물이 좋다는 소리는 들으셨다. 노상추는 어머니를 생각하면서 새어머니는 어떻게 생긴 분일까 궁금했다. 명문가 양반 집안의 나이 어린 규수가 아버지뻘 되는 사람에게 시집을 올 때는 뭔가 이유가 있지 않을까. 입이 째 보든지 박색이든지 난쟁이든지 말이다. 하지만 누가 알랴? 경국지색일 수도 있겠지. 지난번 아버지와 외종숙 어른이 이야기하신 내용으로 봤을 때 그 집에 살림이 어려워서 노상추 집안을 크게 반겼다고 하는 걸 보니 아무래도 딸의 혼수를 맞춰낼 자신이 없어 혼수가 적더라도 아무 말 하지 않을 아버지 같은 사람을 신랑으로 정한 것 같다. 사모관대 차림의 아버지는 장곡이 가까워질수록 입에 침을 자꾸 바르시는 게 바짝 긴장하고 있었다. 언제나 위풍당당하다고 생각했는데 나이에 맞지 않는 혼례복을 입은 모습과 잔뜩 긴장해서 입술에 침을 연신 바르는 모습이 애처로워 보였다.

상주에 도착하니 신부 댁에서 보낸 하인들과 신부의 남동생이 마중을 나와 있었다. 신부의 남동생은 노상추보다 더 어려 보였다. 그는 아버지에게 허리를 굽혀 인사를 했다. 아버지는 말에서 내려 처남 될 사람에게 깍듯이 인사를 했다. 아버지는 처남 될 사람의 인도를 받아 신붓집 쪽으로 걸어갔고 집 앞에는 아버지의 장인과 장모가 될 분들이 나와서 아버지를 맞아주셨다. 아버지의 새 장인은 아버지와 거의 동년배라고 할 수 있을 것 같았다. 얼굴이 아래위로 길고 눈은 좌우로 긴 것이 눈꼬리가 위로 약간 올라가 있었다. 밝은 얼굴로 혼례복을 입은 아버지와 상복을 입은 노상추를 번갈아 보았는데 웃는 와중에도 눈빛이 날카로우면서도 깊어서 위압감을 주었다. 장인 될 분에게 허리를 숙여 인사하는 아버지가 마치 호랑이 앞에 늑대처럼 보였다. 퇴계 이황의 가문이라서 그러는 걸까. 집에서는 항상 웃어른으로 당당하셨는데 여기에서는 아버지가 쩔쩔매고 있었다.

　아버지의 장인은 아버지를 보고 흡족하다는 듯 큰 미소를 지었다. 노상추 일행은 신붓집 안으로 들어갔다. 마당에는 혼례식을 올릴 준비가 되어 있었다. 아버지는 별채 방에 들어가셔서 혼례식이 거행될 때까지 기다렸다. 노상추는 방 앞에 서서 집안을 둘러봤다. 가난하다고 들었는데 그렇지 않았다. 예상과는 달리 집은 크지는 않아도 격식을 갖춘 기와집이었다. 살림살이가 곤궁해 보이지 않았다. 오히려 검소하면서도 여유로워 보였다. 신부 친척으로 보이는 사람들은 신랑 일행이 도착하자 다소 엄숙해졌다. 이윽고 신방에서 새어머니가 될 신부가 양옆에 부축받으며 걸어 나왔다. 노상추는 잔뜩 긴장되어 새어머니를 바라봤다. 언뜻 보기에도 미색이 고운 처녀라 깜짝 놀랐다. 혼례가 진행되면서 아버지의 안색을 살펴보니 아버지도 너무나 긴장하신 나머지 절을 하시고 일어나실 때 비틀거리셨다. 허리도 안 좋으신데 옆으로 쓰러지지 않을지 노상추는 조마조마했다. 아버지는 이월의 추운 바람이 부는데도 연신 땀을 닦으셨다. 신부 얼굴을 흘깃흘깃 보시면서 아버지도 놀라셨는지 얼굴이 불그락푸르락 했다. 반면에 신부는 여유 있어 보였고 간간이 아버지의 허둥대는 모습을 보고 미소를 띠기도 했다. 늙고 비틀거리는 아버지는 젊고 아름다운 신부의 여유 있는 자태와 대비됐다. 주변에서 웃음소리가 들리는 듯하여 노상추는 자기 사람들에게 눈을 부라렸다. 노상추의 화난 눈짓에 계단이와 잇분이가 깜짝 놀라 머리를 조아렸다. 길고 길었던 혼례식이 끝나고 신부 측에서는 술과 고기와 음식을 내어왔다. 노상추는 데려온 하인들이 모두 술과 음식을 받아 잘 먹고 있는지 여기저기 둘러보는데 장곡 사람들이 수군대는 소리가 들려왔다.

"날씨 참말로 조오타. 혼인 날짜 잘 잡았네."

"하모. 이 생원이 어디 보통 사람이가? 학문에 통달하신 분인데."

"그으래, 경서, 사서에만 밝으신 기이 아이고 마 의학, 천문학, 역학에도 다 통달하싰다 카드라. 그라이 마 혼인 날짜야 알아서 잘 잡으셨겠지이."

"에고, 잘 사시야 되낀데."

"걱정도 팔자다. 좋은 날 혼인하셨으이까네 잘 살고 마고지."

아버지는 신방에 드셨고 노상추도 별채의 한 거처를 받았다. 신부 측에서 방으로 들여준 상에는 상중임을 감안해 고기는 없었지만, 밥과 나물과 술이 있었다. 노상추는 목이 말라 술을 조금 마셨다. 노상추는 피곤해서 이불을 깔고 누워 잠을 청하며 생각했다.

'이게 진짜 잘하는 혼사일까?'

새어머니가 될 신부는 노상추의 예상을 완전히 깼다. 막연히 몰락한 가문의 못생긴 처자일 줄 알고 왔는데 그게 아니었다. 아버지의 장인, 장모는 퇴계 이황의 후손답게 양반의 귀한 풍모가 흘렀고 새어머니는 젊고 미색이 흘렀다. 혼례식에서 새어머니의 친언니 두 분도 봤는데 나이가 두 살, 한 살 많다고 했다. 노상추는 아버지의 장인이 왜 첫째 딸, 둘째 딸을 두고 셋째 딸과 아버지를 결혼시킨 건지 이해할 수 없었다. 시집을 보내려면 제일 나이 많은 첫째 딸을 보내야 할 것 아닌가. 심지어 새어머니는 셋 중에 제일 예뻤다. 내가 이 집 주인이라면 제일 예쁘고 귀한 셋째딸은 젊고 건강한 또래의 신랑을 얻어주지 두 번이나 상처한 늙은이에게 시집을 보내지는 않을 것이다. 그리고 새어머니의 표정이 밝은 것도 이해가 안 갔다. 그렇게 젊은 처녀가 늙은이에게 시집을 가야 한다면 보통은 소가 도살장에 끌려가는 표정을 지을 법도 한데 새어머니의 표정은 아버지가 마음에 든다는 듯 밝은 표정이었다. 명문가 후손이라 예학에 도통해서 그런 걸까? 예학에 도통한 사람들은 보통 사람들과는 오장육부가 다른 걸까?

다음 날 새어머니를 가마에 태우고 아버지를 말에 태우고 노상추는 신행 행렬을 이끌고 집으로 돌아왔다. 신방에서 나온 아버지의 얼굴은 애써 싱긋벙긋한 표정을 억누르고 있었다. 새신랑이 된 아버지를 보고 노상추는 기쁘기도 했지만 어쩔 수 없이 드는 어머니 생각에 슬프기도 했다.

"아기씨, 괜찮으십니꺼? 멀미 납니꺼? 속이 안 좋으시거들랑 말씀하시소, 예?"

아버지 장인이 새어머니에 딸려 보낸 여종 함창댁이 새어머니가 타신 가마의 창문에 대고 애가 탄다는 듯 숨넘어가게 말했다. 새어머니는 창문을 열고 말했다.

"아니. 난 괜찮다. 날씨가 아주 쾌청하구나!"

앞에서 말고삐를 잡고 가는 노상추의 귀에도 새어머니의 목소리가 들렸다. 쾌청한 날씨만큼 명랑하고 꾸밈없는 목소리였다. 아버지는 어머니 목소리만 들어도 좋은지 입술이 실룩실룩하고 입꼬리가 올라갔다. 어제와 마찬가지로 낙동강 강바람이 차갑게 불었지만 어제만큼 춥게 느껴지지 않았다. 새 식구가 늘어서 그런 것 같다.

신행 행렬은 어느덧 노상추의 집이 있는 독동리 마을로 접어들고 있었다. 마을 입구에서부터 아이들과 동네 사람들이 나와 있었다.

"온다!"

"새신랑 오십니더!"

"어무이, 나와 보이소. 양실당 어른 오십니더."

동네 사람들은 모두 나와서 신행 행렬을 바라봤다. 화려하게 꾸민 가마에 시선이 집중됐다. 함창댁은 한껏 의기양양하게 걸어갔다.

"하룻밤 사이에 인물이 훤해졌구마."

"입이 귀에 가 붙었다, 마."

"좋아 죽네, 죽어."

동네 사람들의 눈에도 띄었는지 모두들 한소리 해댔다. 아버지는 굳이 숨기지 않고 싶다는 듯 드러내며 싱긋싱긋 웃으셨다. 집에 도착하여 솟을대문을 통과하여 사랑채 앞에 도착했다. 형수와 효명이, 하인들, 윤이 아재, 오천운 어른, 달신 형, 그리고 친척들이 모두 모여 있었다. 담장 뒤 나무 위에는 새신부 얼굴을 보겠다고 동네 꼬마들이 다닥다닥 붙어 있었고 담장 위에는 떠꺼머리총각들과 처녀들이 까치발을 하고 담장 안을 들여다보고 있었다. 아버지께서 말에 내리셨고 뒤이어 함창댁이 의기양양하게 가마의 문을 걷었다. 새어머니께서 함창댁의 손을 잡고 가마에서 나오셔서 얼굴을 들어 주변을 둘러봤다. 사람들은 모두 새어머니의 얼굴을 보고 깜짝 놀랐다.

"미인일세!"

"절색이구마."

"아이고, 보통 인물이 아니데이."

"이 집 마당이 훤해지는 것다."

모두들 한마디씩 해대는 것이 노상추의 귀에 들어왔는데 그게 좋게 들리지가 않았다. 노상추는 이 말들이 천리만리 퍼져갈 것을 생각하니 머리가 아팠다. 하지만 어쩌랴. 이미 엎질러진 물이고 벌어진 일인 것을. 아버지는 신부에게 다가가 다정하게 말씀하셨다.

"자, 안채에 드십시다. 자손들의 인사를 받아야지요."

아버지께서 신부에게 말했다.

"아입니더. 사당에 가서 조상께 알현을 드리는 일이 먼저입니더."

신부는 낮지만 또렷한 목소리로 말했다. 사람들이 다시 쑤군댔다.
"옴마, 옴마, 똑똑하구마."
"퇴계 선생 후손이라 안 하나."
당찬 대꾸에 아버지는 당황해서 헛웃음을 웃었다.
"허허, 다, 당신 말이 맞소. 그, 그기이 먼저지."
얼굴을 붉히며 말을 더듬는 아버지를 올려다보며 새어머니는 방긋 웃었다. 아버지는 더욱 허허 웃으시며 신부를 사당으로 인도했다. 사람들이 아버지와 새신부를 따라 사당으로 몰려가는데 따라가지 않고 굳은 얼굴로 서 있는 사람이 있었다. 형수였다. 새어머니의 방긋 웃는 미소와 형수의 음울한 표정이 대비되었다. 우중충한 상복을 입고 화려한 가마를 보고 있는 형수가 노상추가 보기에도 불쌍했다. 형수의 손을 잡고 있던 술증이와 희증이가 말했다.
"할머니라꼬?"
"할머니 아이다. 우리 막내 이모 보다 더 젊은데!"
효명이가 급히 손가락을 입게 갖다대며 말을 조심시켰다. 형수는 아무 말도 안하고 장승처럼 시커멓게 서 있었다. 마치 이대로 땅속으로 꺼지고 싶다는 듯.

3. 서산 書算

1765년 · 을유년 · 영조 41년 · 3월 · 19세

　새어머니는 노상추 집안의 안주인이 되었다. 불과 육개월 전만 하더라도 어머니가 계셨던 자리에 아닌 밤중에 홍두깨 식으로 퇴계 이황 선생의 후손이신 스물두 살의 젊은 여인이 앉게 된 것이다. 아버지도 달라졌다. 새신랑답게 생기가 나셨고 젊어진 것 같기도 하고 철이 없어진 것 같기도 했다. 아버지는 새어머니를 항상 찬탄하는 눈길로 바라보셨다. 새어머니는 스물두 살의 나이에 걸맞게 매사에 의욕이 넘쳤다. 노상추는 아직 그 모든 변화를 소화하지 못한 채, 낯선 현실에 적응하기 위해 노력하고 있었다. 그래서 여전히 일기는 쓸 수가 없었다. 을유년은 아직 노상추에게는 너무나 힘든 시간이었다. 삼월이 되었지만 좀처럼 책을 펴거나 읽거나 글을 쓸 수가 없었다. 집중이 안되고 생각이 퍼져나갔다. 뭔가 마음을 다잡고 행동하려 해도 기가 빠져나가 버렸다. 접빈객을 맞이하거나 배웅하는 일, 전답을 돌아보는 일 외에는 방안에 드러누워 잘 나가지 않았다. 책을 읽는 것도 힘이 들어 책만 펴놓고 멍하게 있었다.

무기력증에 빠진 노상추와 달리 새어머니는 집안 곳곳을 다니시면서 부지런히 이런저런 일을 챙겼는데 그중에서도 아기들을 크게 예뻐하셨다. 아버지는 집을 비우시고 여행을 다니시던 일을 깨끗이 그만두시고 저녁에 해지기 전에는 꼬박꼬박 집으로 들어오셔서 새어머니와 함께 시간을 보냈다. 그날도 아버지는 신기에 가신다면서 집을 나서셨다. 새어머니는 두 아이를 안방으로 데려오라고 하신 후 한참씩 아이들을 돌봐주셨다. 여동생을 꽃분이라고 부르셨고 노상추 아들을 밤톨이라고 불렀다. 새어머니는 함창댁에게 두 아기들에게 줄 이유식을 만들라고 하시며 잣죽이 좋겠다고 하셨다. 함창댁은 안방 부엌으로 가서 잣을 찾았다.

"잣은 여기 안방 부엌에는 없소."

위단이가 말했다.

"그럼 곳간에 있나?"

"그걸 내가 우예 알것소? 안채 마님이 아실랑가 모르겠네."

위단이가 퉁명스레 쏘아붙이자 함창댁은 밉살맞게 대답하는 위단이를 째려보며 안방으로 들어갔다. 새어머니는 형수를 불렀다. 형수는 안채 건넌방에 있다가 나왔다.

"며늘아, 우리 아기들에게 잣죽을 낄려줄라 카는데 잣이 어디에 있노?"

"잣이요? 잣은 마, 곳간에 있겠지요."

잣이 곳간에 있다는 말을 듣고 새어머니는 안방에서 곳간 열쇠 꾸러미는 갖고 나왔다. 새어머니가 곳간채로 나가시는 소리가 들리자 노상추는 일어나 사랑에서 내려갔다.

"어무이, 곳간에는 우짠 일로 가십니꺼? 제가 할까예?"

"아이다. 상추 니는 들어가 어서 공부하니라. 내가 우리 아기들 맛있는 거 해줄라칸다."

새어머니는 함창댁과 곳간에 들어갔지만 잣을 찾지 못했다. 함창댁은 곳간에서 나오더니 형수를 부르러 갔다. 형수는 약간 떨떠름한 얼굴로 함창댁을 따라 곳간으로 갔고 잠시 후 새어머니가 곳간에서 나왔고 뒤이어 형수와 함창댁이 잣과 밤, 곶감을 바가지에 담아서 나왔다. 새어머니는 뭔가 마음에 들지 않는다는 듯 곳간 열쇠를 앞뒤로 흔들며 걸었다. 곳간 열쇠의 쟁그랑 소리가 온 집에 울려퍼졌다. 마치 이 사람이 이 집 주인이라는 듯. 어머니 손에 항상 들려있던 열쇠가 낯선 여인의 손에 들려있는 것을 보니 좀 슬펐다. 새어머니는 뭔가 못마땅한 얼굴이었고 형수도 어두운 낯빛이었다. 함창댁은 앞에 가는 형수를 향해 입을 비쭉비쭉하며 따라갔다.

"며늘아, 아기들 믹일 잣죽 낄리 온나."

새어머니는 안채 앞에서 며느리에게 명한 후 안방으로 들어가셨다. 형수는 고개를 숙이며 대답했다.

"예."

노상추의 어머니는 형수를 항상 아이 다루듯 했다. 아들을 연거푸 낳은 며느리에게 어머니는 그저 두 아이 잘 보라고 하셨고 집안일은 여종들과 당신께서 알아서 하셨다. 형수는 안채 건넌방에서 아이들을 돌보며 지냈다. 큰형이 죽은 후에 어머니는 형수를 대할 때 그저 안쓰럽고 불쌍하게 생각하여 살아있는 게 어디냐 하는 식이었다. 완복이, 효명이, 노상추도 형수를 대할 때 마치 집안 어른 대하듯 했다. 큰형 죽기 전에는 어머니께서 형수에게 이런저런 집안일을 시키고 함께 하였으나 큰형이 죽은 후 형수는 집안에서 마치 섬처럼 떨어져 있었다. 식사도 여종이 올려주는 밥상을 식구들과 함께 받아먹었고 팔 걷어붙이고 부엌에 들어가 음식을 하는 일도 좀처럼 없었다. 어머니가 돌아가셨으니 이 집안에서 형수는 아버지 다음으로 연장자이다. 큰형이 죽지 않았더라면 어머니께서 당연히 곳간 열쇠를 형수에게 넘겨줬을 것이다. 큰형이 죽는 바람에 어머니는 곳간 열쇠를 형수에게 넘겨주지 않았다. 형수도 먼 산만 보고 한숨만 쉬며 살았지 살림살이에는 큰 욕심도 없었던 것 같다. 모든 일은 어머니께서 다 알아서 하셨었다. 어머니께서 갑자기 세상을 뜨시면서 곳간 열쇠는 아버지께서 갖고 계시다가 새어머니에게 주신 것이다. 형수는 안채 부엌으로 들어가 부뚜막 끝에 앉아 있었다. 검은 낯빛에 활활 타오르는 눈길로 허공을 바라보며 씹어뱉듯 말했다.

"위단아, 잣을 씻어라. 쌀도 씻어서 불리라."

"예!"

형수의 말에 함창댁이 대꾸했다.

"잣죽은 찹쌀로 끓이는 깁니더."

형수가 일어나더니 함창댁의 뺨을 후려쳤다. 함창댁이 비틀하더니 옆으로 쓰러졌다.

"억!"

"종년이 우데다 대고……."

형수는 분노에 온몸을 부들부들 떨었다. 어찌나 세게 쳤던지 함창댁 코에서는 피가 흘러나왔다. 함창댁은 소맷부리로 코피를 닦으며 눈물을 철철 흘렸다.

"어흐흐…….."

함창댁의 울음소리가 부엌 밖으로 퍼져 나가자 안채 마루에서 벼락 같은 고함 소리가 들렸다.

"웬 소란이고?"

안채 마루에 서 있는 새어머니의 가녀린 체구에서 기가 뿜어져 나오고 있었다. 눈에는 살기가 등등했고 손톱에서는 피가 날 것 같이 주먹을 세게 쥐었다.

"웬 소란이고!"

새어머니의 고함 소리에 부엌에 있던 위단이, 형수, 함창댁이 나왔고 사랑채에 있던 노상추와 완복이도 나왔다. 형수는 눈에서 불꽃이 튀었고 함창댁은 흐느끼며 말했다.
　"쇤네가 안채 마님께 잣죽은 멥쌀이 아니고 찹쌀로 끓리는 거라 말씀 올렸더니 별안간 제 뺨을 후려치셨습니더."
　형수는 함창댁의 말에 대꾸도 하지 않고 앞만 노려보고 있었다.
　"검쇠야, 덕돌아, 게 아무도 없느냐!"
　새어머니의 호령을 듣고 뒷마당에서 장작을 패던 검쇠가 달려왔다.
　"부르셨습니꺼?"
　"이 집에서 제일 큰 몽둥이를 가져오니라!"
　순간 모두 아연했고 형수는 부들부들 떨었다. 검쇠는 뛰어가서 몽둥이를 가져왔다.
　"가져왔심더."
　함창댁은 일이 커지자 불안해하는 기색이었고 형수는 여기서 콱 죽어버리고 싶다는 듯 눈을 감았다. 방안에서 술증이와 희증이가 문을 빼꼼히 열어보며 두려움에 떨고 있었다.
　"유모, 문을 닫게!"
　새어머니의 호령에 유모가 뛰어나와 아이들을 안방으로 데려간 후 문을 닫았다. 새어머니는 형수를 노려보며 소리쳤다.
　"검쇠야, 아래위 구분을 못 하는 저 함창댁을 마구 쳐라!"
　"예?"
　몽둥이를 들고 서 있던 검쇠가 눈을 끔뻑끔뻑하며 물었다. 함창댁은 그 자리에 쓰러지며 얼굴을 땅에 대고 소리쳤다.
　"아씨 마님! 죽을죄를 지었심더! 살려주이소! 살려주이소!"
　"치라고 했잖느냐!"
　검쇠는 진짜 쳐야 할지 살살 쳐야 할지 곤혹스러운 표정이었다.

"아씨, 살려주시소!"
"상전 말이 안 들리냐? 니도 곤장으로 쳐주랴?"
새어머니의 추상같은 말에 검쇠는 함창댁을 몽둥이로 내리치기 시작했다.
"으아억! 살려주이소! 살려주이소!"
"니 방자한 주둥이가 아직 죽지 않았구나! 더 쳐라!"
함창댁은 두드려 맞다가 머리를 세게 맞고 그대로 실신했다. 새어머니는 무표정하게 말했다.
"함창댁을 곳간에 가두고 물과 음식을 주지 말아라! 내 명을 어기는 것에게는 함창댁과 똑같은 벌을 내릴 것이야."
검쇠가 함창댁을 업고 곳간으로 갔다. 새어머니는 형수에게 말했다.
"니는 뭐하노?"
"아, 예……."
"아이들 배고프다. 잣죽 낄리 온나."
그날 밤새도록 곳간에서는 함창댁의 신음소리가 들려왔다. 노상추는 완전히 질려버렸다. 아무리 퇴계 이황의 후손이라 하더라도 스물두 살 밖에 안된 젊은 아녀자에게서 볼 수 없는 무서운 기상이었다. 노상추는 제발 함창댁이 죽지 않기를 바랄 뿐이었다. 다음 날 새벽 아버지에게 문안 인사를 드리러 안채로 가니 형수가 아버지의 세숫물을 대령하는 것을 보고 노상추는 깜짝 놀랐다. 아침잠이 많은 형수는 아이들과 함께 일어나고 잠들었다. 아버지의 세숫물은 보통 여종이 했고 아침 식사 전에 술증이와 희증이를 깨워 아버지께 나와 인사한 후 안채에서 아침상을 받았다. 그러던 형수가 새벽에 일어나 아버지의 세숫물을 대령하다니. 새어머니는 아버지 옆에서 수건을 들고 대령하고 있었고 아버지께서 세수를 다 하시자 얼른 수건을 드렸다. 형수는 세숫물을 들고 내려와 잇분이에게 대야를 주고 부엌으로 들어가 여종들과 아침상을 차렸다. 아버지는 식사를 마치신 후 점발이를 데리고 신기에 보리밭을 둘러보러 가셨다. 새어머니는 형수를 데리고 곳간으로 가 열쇠로 문을 열었다. 검쇠가 안에 있던 함창댁을 끌어냈는데 온몸에 여기저기 피가 얽어 붙은 모습이 차마 볼 수 없을 정도였다.

"니를 삼일 동안 굶기려 했으나 며느리가 너를 풀어주라 간곡히 청하여 너를 풀어주마. 함창댁을 행랑채에 들게 해라."

함창댁은 말을 알아듣는지 못 알아듣는지 눈만 껌뻑였다. 위단이와 계단이가 함창댁을 부축해서 행랑채로 들어갔다. 그날 오후 안채에서 소리가 들려왔다. 형수가 소학언해를 읽는 소리였다.

"아버지가 부르면 빨리 대답할 것이며 천천히 대답하면 안 된다. 손에 일감을 잡고 있으면 던져버리고, 입에 음식을 씹고 있으면 뱉고 가야한다. 갈 때는 뛰어가며 종종걸음으로 걸어가면 안 된다."

형수는 한문은 읽지 못하지만, 언문은 읽었는지 소학언해를 읽어갔다. 새어머니 앞에서 소학언해를 읽어 내려가는 형수의 목소리가 어두웠다.

"아들은 아내를 사랑하더라도 부모가 좋아하지 않으면 내보내야 하고 아내를 좋아하지 않더라도 부모를 잘 섬기면 죽을 때까지 부부의 도리를 행한다."

아버지는 소학을 좋아하셔서 언제나 가까이 두고 읽으셨고 노상추도 어릴 적부터 소학을 읽었다. 새어머니는 소학을 며느리에게 읽혀 예법을 처음부터 다시 가르치고 있었다. 새어머니는 한줄 한줄 며느리에게 책을 읽혔고 좋아하는 구절이나 중요한 구절은 여러 번 읽도록 하였다. 형수의 목소리가 줄어드는 것 같으면 크게 읽으라고 불호령을 내렸다. 형수는 이를 악물고 버텼다. 새어머니에게 대드는 것은 아버지에게 대드는 것이고 새어머니를 무시하는 것은 아버지를 무시하는 것이다.

"부모가 계집종의 자식이나 서자, 서손을 사랑했다면, 비록 부모가 돌아가신 후에라도 죽을 때까지 공경하는 마음을 변함없이 가져야 한다."

"그래. 그 구절을 다시 큰 소리로 읽어라. 마음에 새기면서."

"예. 부모가 계집종의 자식이나 서자, 서손을 사랑했다면, 비록 부모가 돌아가신 후에라도 죽을 때까지 공경하는 마음을 변함없이 가져야 한다."

 그날부터 형수는 방안에 엉덩이를 붙일 시간이 없었다. 새벽에 아버지 세숫물 대령하는 것부터 시작해서 하루 삼시 세끼를 새어머니와 아버지를 위해 대령해야했다. 그리고 하루 종일 화롯불과 싸워가며 약을 달였다. 원래는 함창댁이 하던 일인데 함창댁이 뻗어버린 이후로는 형수가 맡아 하게 됐다. 새어머니 봉양은 며느리가 해야 한다는 것이 새어머니의 뜻이었다. 형수는 아침부터 밤늦게까지 눈코 뜰 새 없이 일했다. 노상추는 새어머니가 완복이와 오라고 하신다는 위단이의 전갈을 받고 안채로 갔다. 안채 부엌 앞에서 형수가 화롯불에 약을 달이고 있었다.

"그건 무슨 약입니꺼?"

 노상추에게 물었다.

"어무이 드실 약입니더."

"어무이께서 무슨 약을 드시는데요?"

"아들 낳는 약이라 캅디더."

 형수는 뭘 자꾸 묻느냐는 식으로 대꾸했다. 그 약은 새어머니가 시집올 때 친정에서 아들을 낳으라고 해준 약이라고 했다. 스물두 살의 어린 나이이니 그 집에서도 딸이 아들을 낳기를 간절히 바라는 마음을 모르는 바도 아니지만 앞으로 아들을 낳을 일이 없는 청상과부 형수에게 아들을 낳는 탕약을 달이라고 한 새어머니가 일견 잔인하다는 생각이 들었다. 아무리 청상이라지만 형수도 아직 펄떡이는 잉어처럼 젊고 싱싱한 아녀자였다. 하루하루 젊은 날을 죽여가고만 있는 형수에게 어쩌자고 자기가 먹겠다고 아들 낳는 약을 달이라고 했을까. 이거야말로 함창댁에게 내린 벌보다 더 무서운 벌이 아닌가. 새어머니는 무서운 여자구나. 노상추는 무거운 마음으로 완복이와 안방으로 들어갔다. 새어머니께서는 서안 앞에 앉아계셨고 서안 옆에는 책이 쌓여 있었다.

"어무이, 부르셨습니꺼?"

"그래, 앉아라."

노상추는 어머니 앞에 앉았다.

"아부지께서 상추 니가 요즘 마음을 못 잡는다꼬 걱정이 많으시니라."

새어머니가 따뜻한 목소리로 말씀하셨다.

"예, 면목이 없심더."

"나도 니가 혼례날에 상복을 입고 아부지를 모시고 우리 집 마당으로 들어오는 걸 보고 마음이 마이 아팠느니라."

어머니의 뜻밖의 말에 노상추는 놀랐다. 피도 눈물도 없는 것 같았는데 자기를 그렇게 보고 있었다니 의외였다.

"아, 예."

"돌아가신 어무이를 생각해서라도 계속 그래 있으모 안되니라. 몸을 닦음은 자신의 마음을 올바로 하는 데 있다. 분노나 두려움, 즐거움 같은 감정에 정심을 잃어서는 안 되느니라. 항상 수신에 힘쓰고 마음을 바로 세우거라."

"예, 어머님."

"요즘 이제 곧 증광시가 다가오는데 준비는 잘하고 있느냐?"

"아직······."

"육경은 다 외웠고?"

"미처······."

"육경은 손바닥 들여다보듯 환하게 꿰어서 알아야 한다. 사서오경의 책 어디를 펴서 어느 구절을 갖다 대더라도 그 자리에서 읽고 그 뜻을 정확히 강할 수 있어야 한다. 그기이 기본이데이. 알고 있지?"

"아, 예."

"완복이는 지금 무슨 책을 익히고 있지?"

"대학을 익히고 있습니더."

"그럼 완전히 익힌 책은 있나?"

"아직은……."

"대학, 중용, 맹자, 논어, 시경, 서경은 하루도 빼놓지 말고 늘 눈으로 읽고 입으로 외우고 손으로 써서 익혀야 하느니라."

노상추와 완복이는 그 말을 듣고 기가 팍 죽었다. 세상에 이런 아녀자가 있다니. 퇴계 이황 선생의 후손이 다르기는 다르구나.

"내 비록 아녀자의 몸이나 친정아버지께서 남동생을 공부시키시는 것을 봤고 숙부님이나 사촌 오라버니들이 모여서 공부하시고 과거 응시하시고 급제하시는 걸 항상 보고 자라서 하는 말이니 한낱 아녀자의 소리라 무시하지 말아라."

"아입니더. 어무이 말씀을 무시한다니요. 당치 않으십니더."

노상추는 마음속을 들켰을까 봐 펄쩍 뛰며 아니라고 잡아뗐다. 새어머니는 노상추의 마음이 다 보인다는 듯 여유 있게 웃었다.

"내 시집오기 전에 이 집안에 유생이 둘이나 있다는 말을 듣고 준비해 온 것이 있느니라."

새어머니는 서안의 서랍을 열어 뭔가를 꺼냈다. 비단으로 만든 종이 같이 생겼다.

"이기이 뭡니꺼?"

완복이가 물었다.

"이건 서산이라카는 기이다."

"서산이요?"

"그래. 자 보래이. 논어를 만약에 첫 장부터 끝장까지 한번 독파하면 여기 한 칸이 올라간다. 두 번을 읽으면 두 번째 칸으로 올라가지. 그래서 열 번째 읽고 열한 번째 읽을 때면 두 번째 칸이 올라가고 아래 첫 번째 칸이 또 올라가는 기이다. 그래서 위 칸으로 올라가모 십 단위, 그 위 칸은 백단위가 된다. 그런 식으로 이 책을 몇 번 읽었는지 기록해 두는 기이다. 자, 이 서산을 육경마다 하나씩 꼽아두고 모두 백번을 다 읽을 때까지 표시해 가미 읽어라."

새어머니는 비단을 붙여 만든 서산을 완복이 여섯 개, 노상추 여섯 개씩 주셨다. 아름다운 비단 위에는 그림도 재미있게 그려져 있고 십, 백 같은 단위도 표시되어 있었다.

"상추야, 완복아, 선비는 무릇 문과에 급제해야 하는 기이다. 문과에 급제해야 나라를 다스리게 되고 집안을 일으킬 수 있느니라. 지금부터 열심히 하든 마흔 살 전에는 안 되겠나. 사서오경 외에 읽어야 할 책들과 어떻게 공부해야 하는지 내가 여기 종이에 적어두었으니 읽고 고대로 함 해봐라. 느그 두 형제 열심히 공부시키가아 급제해야 나중에 내가 저승에서 큰형님 만났을 때 나를 반갑게 맞아주시지 않겠나? 안 글라?"

사랑채 방에 들어오자 완복이는 방문을 닫아걸고 고개를 절래절래 저었다.

"아따, 마, 새어머니 보통이 아닐세. 형님, 대학에 나오는 말을 마 옆집 아지매랑 말하듯이 줄줄 말하는 거 들었나?"

"그래, 들었다."

"저렇게 글을 마이 아는 사람은 남자고 여자고 첨 봤데이. 시상에, 뭐, 저런 사람이 다 있노?"

"어무이한테 그기이 무신 말버릇이고?"

노상추는 완복이를 나무라면서 어머니가 주신 종이를 펼쳐보았다. 그 종이에는 독서 방법과 책 이름이 적혀 있었다. 늘 독송하여 처음부터 끝까지 외워야 할 책으로 대학, 중용, 소학, 문선, 초사가 있고 백 번 읽어야 할 책으로 시경, 서경, 맹자의 대문, 논어의 대문과 장문, 당송팔가문, 문선의 문장, 사륙문 초록집, 사기, 한서 초록집이 있었고 수십 번 읽을 책으로 통감강목, 송문감의 초록집, 주역, 춘추, 예기가 있었다. 근시록, 성리대전, 심경, 주자전서 같은 책은 많이 읽기보다 강론할 수 있고 궁리하여 실천 방안을 내도록 하라고 적혀 있었다. 또 주역은 처음에는 효시를 읽고 대지와 점법을 익힌 후 역학계몽을 함께 읽고 다른 책을 다 읽은 다음 다시 읽으라고 했다. 순자, 한비자, 양자, 노자, 열자 같은 제자백가서들은 문과 마지막 시험인 대책 시험에서 논술의 능력을 기르기 위한 것이므로 외울 필요는 없지만 숙독해보라고 적혀있었다.

"과연!"

새어머니는 알면 알수록 무서운 사람인 것 같았다. 한낱 아녀자라고 하기엔 기상이 높고 재기가 하늘을 찔렀다. 세상에 뭐 저런 사람이 다 있을까. 어머니가 적어 주신 내용을 자세히 읽어보니 역시 퇴계 이황의 후손들이 어떻게 과거 공부를 해나가는지 알 수 있었다. 그날 저녁에 아버님이 신기에서 돌아오셔서 모두 나가 아버지를 맞이했다.

"잘 다녀오셨습니꺼?"

새어머니가 말했다.

"당신도 잘 지냈소?"

아버지도 활기차게 말했다.

"예, 잘 지냈십니더. 온 식구들 무탈하게 잘 지냈십니더."

새어머니 뒤에 형수와 아이들, 효명이도 다 나와서 아버지께 인사를 올렸다. 노상추와 완복이도 인사를 올렸다. 아버지는 새어머니와 함께 안채에 드셨는데 목소리가 쾌활하셨다.

"그래, 당신이 말한 그 목수가 일을 잘해서 문짝이랑 마루랑 다 짜라 캤소. 이제 신기에 집도 다 수리해 가이까네 끝나면 당신도 한번 데리고 가야지."

"참말입니꺼? 지도 빨리 가보고 싶습니더."

저녁 식사를 한 후에 상을 물리고 노상추는 어머니께서 주신 것을 읽는데 밖에서 소리가 들렸다.

"대련님요, 대련님요."

노상추가 문을 열고 나와보니 사랑채 댓돌 위에 형수가 안절부절못하며 서 있었다.

"와요? 무슨 일 있능교?"

"마, 큰일났심더."

"무신 일인데 그라능교?"

"제가 약을 잘 달이지를 몬해가아 쫄아들거나 묽게 되면 다시 새 약으로 달이는 바람에 어무이께서 주신 약재를 다 써 뿌맀다아 아입니꺼. 어무이한테 약 없다 카믄 또 벼락이 떨어질까 봐 말도 몬 하고, 함창댁한테 물어봐도 정신이 나갔는지 돌아 뿟는지 대답을 몬해가아……."

"그라면 우예야 되능교?"

"제가 약재를 드릴 테이까네 똑같은 약을 구해와 주이소. 부탁합니더."

형수의 손에는 달이다 실패한 약재가 보자기에 싸여있었다. 노상추가 보자기를 풀어보았다.

"마, 이기이 약 한 첩입니다. 한약방에 가서 의사에게 보여주믄 마 알지 안하겠습니꺼. 이거랑 똑같은 약 한 제만 좀 사 와주이소. 야?"

"알겠십니더. 제가 내일 약방에 댕겨올께예."

"고맙십니데이. 고맙십니데이."

형수가 울 것 같은 표정으로 고개를 몇 번이고 숙였다.

"내일 드실 건 있습니꺼?"

"있는 걸로 어떻게 해 봐야지예. 아무튼지 부탁드립니더."

형수는 자기 방으로 되돌아갔다. 노상추는 다음 날 아침 먹고 서둘러 말을 타고 선산부로 들어가 한약방을 찾았다. 오천운 어른께 가서 물어볼까 생각했지만 아무래도 아버지와 잘 아시는 분이니 말이 들어갈까 하여 선산부 시장 거리에 있는 한약방을 찾은 것이다. 노상추는 모친이 아들을 낳으라고 멀리 사시는 외숙부가 보내준 약인데 잘 달이지 못해서 그렇다고 둘러둘러 설명하고 한약 보자기를 펼쳐 보였다. 한의사는 보자기 안을 들여다보며 물었다.

"이걸 드시는 분이 누구라 하셨능교?"

"저희 어무이십니더."

"이 약이 아들 낳으실라꼬 먹는 약이라 카등교?"

"예, 그렇게 들었심더."

"허, 참. 아이, 선비같이 훤칠한 아들을 이렇게 두셨는데 어디서 무슨 소릴 듣고 이런 약을 드시가미 아들을 낳으시겠다 하등교?"

"그기 무슨 말씀이십니꺼?"

"이런 약을 이만큼씩이나 달여 마시면 생길라 카던 아들도 다 죽어 나갑니더."

"머라꼬요? 그라믄 이 약이 무신 약입니꺼?"

"그거야 모르지요. 이런 독한 약을 이래 마이 묵는다 카는 거는 독약을 묵는 거나 마찬가집니더. 아이믄 죽을병에 걸렸등가!"

4. 정심
1765년 · 을유년 · 영조 41년 · 4월 · 19세

"죄송하지만 열 냥을 드리고 가께예. 약값이 이래 비싼지 몰랐심더. 나머지 이십 냥은 제가 열흘 내로 갚겠습니더."

노상추는 집에서 나오면서 약값으로 열 냥이면 충분하다고 생각했다. 약을 살 때는 주로 쌀 몇 말, 혹은 비싼 약이면 한 섬 정도 주고 샀는데 삼십 냥이나 달라고 하는 약은 처음이었다. 세상에 이게 무슨 약이길래 이렇게 비싼 걸까. 우황과 웅황이라는 약재가 비싸서 그렇다고 하면서 한 제에 삼십 냥을 달라는 것이었다. 노상추는 안 살 수도 없어서 고민하다가 한 제를 지었다. 삼십 냥이면 쌀 여섯 섬을 팔아야 만들수 있는 돈이다. 곳간에 쌀이 축나는 소리가 들렸다.

"싼데 찾아 다른 약방 가봐야 소용없을 깁니더. 이런 약재를 가지고 있는 약방은 이 주변에는 없을 테이께네."

한약사는 무슨 큰 선심 쓰듯 큰소리를 쳐가며 약을 지어주고 이십 냥을 마저 갚지 않으면 바로 집으로 찾아가겠다고 엄포를 놓았다. 노상추는 자기 이야기를 그 누구에게도 말하지 않겠다는 약조를 받고 열흘

안에 이십 냥을 주마 하고 나왔다.

노상추는 말에서 내려 말고삐를 잡고 천천히 걸어갔다. 노상추의 손에는 새어머니의 약 한 제가 들려있었다. 낙동강 모래밭 위에 서서 끈에 묶여 덜렁거리는 약을 노려보며 정말 이 약을 형수에게 달이라고 해야 할지 말아야 할지 고민했다.

'도대체 무슨 병입니꺼?'

'그건 저도 모릅니더. 약으로 봐서는 온독(瘟毒), 온사(瘟邪), 허로(虛勞), 혈증(血證) 같은 병을 다스리려고 한 것 같습니더. 증상으로는 빈혈이나 오한, 발작 같은 것이 있을 수 있고 간이나 비장이 부어오를 수도 있지요. 웅황 같은 약재는 간질이나 발작을 일으킬 때 쓰이는 약재인데 독성이 강해가아 오래 무믄 안되고 병이 위중해서 달리 손 쓸 방도가 없을 때나 쓰는 약입니더. 우얄까요? 그래도 이 약재캉 똑같이 지어 가시겠습니꺼?'

약이 뭔지도 모르는 노상추가 약을 바꿔달라 말라고 할 수도 없어서 그냥 똑같이 지어달라고 했다. 결혼을 앞둔 젊은 처자가 이런 독한 약을 먹는다는 건 도대체 무슨 뜻일까? 왜 이런 약을 먹는 걸까?

그렇다. 새어머니는 위중한 병이 있는 게 분명하다. 그럼 뭐야? 새어머니는 병을 숨기고 혼인했다는 소리 아닌가. 아버지는 새어머니의 병에 대해 아실까? 아니다. 아버지는 모르신다. 바보가 아닌 도막에야 한 번도 본 적 없는 처녀가 죽을 병에 걸렸다는데 그런 처녀에게 장가들 남자가 어디 있겠는가? 정신이 멀쩡하신 아버지께서 아무리 젊고 예쁘고 퇴계 이황의 후손이라 해도 독약 빼고는 달리 손 쓸 방도가 없는 처녀에게 장가를 들지는 않았을 것이다. 그때 노상추는 혼담을 주선했던 외종숙이 아버지에게 하신 말이 생각났다.

'그 집안도 혼사를 결정할 때 얼마나 많이 따지겠노? 원복이는 온계 이회의 직계 후손이라. 온계 이회 선생이 누고? 퇴계 이황의 형이다 아이가. 니 이름을 말했더니 갑자기 이 생원이 눈을 번쩍 뜨면서 그기이 참말이가 하고 묻더라이 카네. 안강노씨 가문에 노철이라 카이 아주 흡족해 하더라.'

'허허, 그것 참! 형님이 그 처자를 봤나?'

'하모. 내가 이야기를 하고 나오는데 이 생원이가 딸들을 불러가 내한테 인사를 시키드라. 딸 셋이 모두 단정하니 아주 곱더라꼬. 그란데 거기에서 셋째딸을 주마 카더라. 야야, 철이 니 진짜 처복 터졌데이. 딸 서이 중에 셋째가 젤로 얼굴이 곱상하고 눈빛이 반짝반짝 빛나더라. 나이도 겨우 스물두 살 아이가.'

그래. 아버지는 이 사실을 모르신다. 아버지는 나이도 제일 어리고 제일 예쁜 셋째딸이라는 외종숙의 말을 곧이곧대로 듣고 앞뒤 생각할 것도 없이 결혼을 감행했다. 외종숙은 이 생원의 꿈같은 이야기를 전했고 아버지는 아무 의심 없이 결단을 내렸다. 아버지는 속으신 거다. 그럼 어떡하지? 아버지에게 알려드려야 할까? 아버지께서 이 사실을 아셔야 하지 않을까?

아니야. 아버지는 신혼의 단꿈에 젖어계신다. 말을 함부로 했다가 아버지에게 씻을 수 없는 불효를 할 수도 있다. 저렇게 행복해하고 계시는데, 태어나서 저렇게 행복한 얼굴로 지내는 아버지를 처음 보는데 어떻게 자식이 아버지의 행복을 무참하게 깨는 소리를 할 수 있을까. 새어머니가 숨기고 싶어서 숨긴 거라면 노상추가 나서서 입 밖에 꺼내서는 안 된다. 형수에게도 말해서는 안 된다. 이 일은 나 말고 그 누구도 알아서는 안 된다. 만일 아버지가 알게 된다 하더라도 그건 새어머니가 말해서 알게 되셔야지 절대 내 입으로 말해서는 안 되는 거다. 그리고 이 약을 먹고 멀쩡하게 살지도 모르지 않은가. 독한 약이라는 뜻이지 독약이 아닐 수 있다. 또 때에 따라서는 독약을 먹고 살아나는 사람도 있지않은가. 사람 일을 누가 알랴? 멀쩡한 사람에게 죽을병이 걸린 거냐고 그것도 새어머니에게 물어볼 수는 없는 노릇이다. 새어머니에게 노상추는 전처 자식이고 전처 자식이 참람하게 새어머니에게 죽을병을 숨기고 결혼한 거 아니냐며 추궁하면 아버지께서 가만 계시지 않을 것이다. 그랬다가는 집안에 큰 분란이 일어날 게 불 보듯 뻔하다. 이 약에 대해서 아무도 몰라야 한다. 내가 이 약을 약방에 가서 다시 지어온 사실도 형수와 나 외에는 아무도 알아서는 안 된다. 형수는 이 약의 정체에 대해 절대 알면 안 된다. 형수가 알면 분명 빌미 삼아 새어머니를 공격할 것이다. 가만 둘리 없겠지. 아버지에게 고할지도 모른다. 어쨌든 이 일은 철저히 함구해야 한다. 노상추는 흘러가는 낙동강 강물을 뚫어지게 바라봤다. 하늘에는 벌써 해가 뉘엿뉘엿 지고 있었다.

그럼 뭐야? 이 생원은 딸이 병들었기 때문에 늙은 남자를 골라서 시집을 보냈다는 소리다. 아아! 그럴 수가. 아니야. 그렇게까지 나쁜 사람은 아닐 거야. 설마 그렇게까지 했을 리가 없어. 이 생원은 어쩌면 이 약이 뭔지 모를 수도 있지 않을까? 또 새어머니가 자기가 무슨 약을 먹는지 모르는 게 아닐까? 잘못 처방된 약을 받아올 수 있지 않을까? 새어머니는 건강하시고 혼인을 앞두고 정말 아들 낳으려고 약을 지어 먹으려 했는데 돌팔이 의사가 잘못 처방을 내린 게 아닐까?

'하모. 이 생원이 어디 보통 사람이가? 학문에 통달하신 분인데.'
'그으래, 경서, 사서에만 밝으신 기이 아이고 마 의학, 천문학, 역학에도 다 통달하시다 카드라. 그라이 마 혼인 날짜야 알아서 잘 잡으셨겠지이.'

혼례일에 장곡 사람들이 하던 말이 노상추의 머리를 내리쳤다. 이 약은 한두 푼 하는 약이 아니다. 새어머니 같은 젊은 처녀가 자기 맘대로 살 수 있는 약이 아니다. 분명 아버지의 장인 이 생원이 비싼 돈을 줘서 구해 딸에게 먹인 약이다. 장인은 약학, 의학, 천문학에 통달했다고 이름난 사람이다. 이 생원이 이 약에 대해 모를 리 없다. 그러니 이 생원은, 의도적으로. 상처를 두 번이나 한 늙은 아버지를 죽어가는 자기 딸의 남편으로 골라서, 시집을 보낸 거다.

"어흐흑!"

노상추는 모래밭에 주저앉아 울고 말았다. 어머니가 돌아가신 지 반년 만에 한 결혼이었는데! 퇴계 이황의 후손이라더니! 명문가 집 처자라더니! 명문 양반 가문은 우리 안강 노씨 가문을 이렇게 기만해도 되는 것일까? 이것이 그렇게 예학에 도통했다고 존경받는 양반이 할 짓인가?

"으억!"

노상추는 아버지의 혼례날, 새어머니 식구들이 모두 아버지와 자기를 환한 얼굴로 반기고 환대한 것이 기억났다. 왜 그렇게 늙은 아버지를 환대했을까? 이제야 이해가 갔다. 얼마나 반가웠을까? 다 죽어가는 딸을 꽃가마에 태우고 그 비싼 패물을 줘가며 귀하게 데려가는 남자이니 그야말로 호박이 넝쿨째 굴러들어 온 게 아닌가! 이 생원은 왜 그렇게 혼인을 서둘렀을까? 상처한지 육개월 밖에 지나지 않은 늙은 남자가 서둘러 혼례를 치러야 할 이유가 뭐가 있었을까? 거기엔 다 이유가 있었던 거다. 아직 겉으로 봐서 멀쩡할 때, 혼례복을 입고 혼례를 치를 힘이라도 남아 있을 때 하루 빨리 팔아 치웠어야 하는 거였다. 이 생원의 위로 치켜뜬 눈꼬리와 위압적인 눈빛이 뭔가 기분 나빴는데 이거였구나. 바로 이거였어. 당한 거야. 우린 당했어. 노상추는 아버지의 신세가 너무 기막혀서 흘러가는 낙동강보다 더 큰 소리로 울었다.

그날 밤 노상추는 주막에서 술을 퍼마시고 거나하게 취하여 집으로 돌아왔다. 대문 앞에는 형수가 이제나저제나 노심초사하며 기다리고 있다가 저만치 오는 노상추를 보고 달려와 매가 쥐를 채가듯 약을 채가서 치마를 잡아당겨 감춘 후 부엌으로 달려갔다. 검쇠가 달려 나와 노상추를 붙들었다.

"아이고, 대련님, 대련님답지 않게 와 이래 술을 드셨능교?"
"내가 기분이 좋아가 한잔했다 아이가."
"주인마님 집에 계십니더. 들어오시면서 대련님 찾으셨습니더."
"우데 갔다 캤노?"
"집안 사람들이 다 몰라가아 잠깐 나가신 것 같다고 했심더."
"알았다."
노상추는 들어가 안채 앞에 서서 아버지께 문안을 올렸다.
"아부지, 저 들어왔심더."
문이 화들짝 열리고 새어머니가 나오셨다.
"상추야, 니 약주 했나?"
"예, 했심더. 제 동접이 한양에 과거 보러 떠난다 해가아 같이 한잔했심더."
아버지께서 나오셨다.
"웬일로 그래 술을 했노?"
"마, 그 친구 사정이 쪼매 딱해서 위로해 주느라 마셨심더."
"알았다. 방에 들어가 쉬어라. 드가라."
새어머니가 말했다.
"예!"
노상추는 비틀거리면서 사랑채 방으로 발걸음을 옮기자 새어머니는 부엌으로 가셔서 위단이에게 꿀물을 타라고 하셨다. 잠시 후 효명이가 꿀물을 사랑채에 들고 들어왔다.
"오빠야, 술 마이 하셨나? 어무이가 꿀물 갖다주라 카셔서 가왔다. 마시라."
"그래."
노상추는 꿀물을 단숨에 마셨다. 완복이도 들어왔다.
"이기이 무슨 냄새고? 행님, 술을 동이 채 마싰나?"

"그래. 내 쪼매 했다."
"새어머니가 형님 안 온다고 저녁 드시면서 내내 걱정했다 아이가."
"와? 내가 마음대로 나가지도 몬하나?"
"그기이 아이고. 형님이 요즘 공부도 안 하고 일기도 안 쓰고 마음을 몬 잡는다꼬 새어머니가 염려하신다."
"염려? 내를? 누가?"
"새어머니라 안하나!"
"새어머니가 내를 염려하신다꼬? 큭 크크큭, 으하하하하하!"
노상추는 터져나오는 웃음을 멈출 수가 없었다.
"행님, 와 웃노?"
"아하하하하, 클클클클······."
"오빠야, 조용히 해라. 안채에 들릴라."
"크으, 으흑흑. 으으으윽······."
"이젠 우나? 형님 미쳤나?"
"오빠가 갑자기 와 이라노? 와 우노?"
"으으으윽, 엉어엉엉······."
"조용히 해라, 조용히! 아부지 오실라. 오늘 참말로 와 이라노!"
열흘 동안 돈을 갚을까 말까 고민하다가 역시 말이 나는 것은 좋지 않을 것 같아 이십냥을 마련하기로 마음먹은 노상추는 아버지께 책을 사도록 쌀을 팔게 해달라고 말씀드렸다. 아버지께서는 아무것도 묻지 않으시고 그러라며 새어머니에게 곳간을 열어주라고 하셨다. 새어머니가 나오셔서 곳간을 열어주시고 검쇠와 덕돌이가 소달구지에 쌀을 싣는 모습을 보시며 물으셨다.
"무슨 책을 살라 카노?"
"아, 제자백가 책이 우리 집에 없어가아······."
노상추가 대답했다. 새어머니는 소달구지에 실은 쌀가마니를 보면서 고개를 끄덕이셨지만 뭔가 편치 않은 눈치였다. 노상추는 긴장하여 새어머니 표정을 잔뜩 살피지 않을 수 없었다. 새어머니는 노상추를 힐끗 봤는데 노상추는 자기도 모르게 움찔했다. 새어머니는 그런 노상추를 보자 활짝 웃으시면서 말했다.

"니 와 그래 놀라노? 내가 니를 째려봤나?"

"아입니더."

"내가 니를 째려본 기이 아이데이. 오해하지마라. 제자백가 책 중에 뭘 살라카는데?"

헉! 이건 생각지 못한 질문이었다. 노상추는 갑자기 머리가 하얘지면서 제자백가 중에 아무나 말하려고 했지만 순간 아무도 기억이 나지 않았다.

"그게……."

"정하지도 않았나? 한비자가 좋지. 장자나 노자는 유자가 읽을 책은 아니지만 문장이 아름다워서, 아, 참. 내가 씰데없이 말이 많제?"

"아입니더. 아입니더."

새어머니는 노상추를 보다가 활짝 웃으시면서 말했다.

"아이다, 아이다. 내 들어가끼구마. 잘 댕기온나."

새어머니는 캐묻다가 갑자기 말머리를 돌려 안채로 들어갔다. 덕돌이가 말했다.

"대련님요, 가시지요."

"그래. 가자."

그날 노상추는 쌀을 판 후 머슴들을 돌려보내고 혼자 한약방으로 가서 돈을 마저 갚았다. 한약사는 밉살맞게 실실 웃으며 돈을 주머니에 넣었다. 노상추는 다시 한번 한약사의 입을 단단히 단속해 두었다. 며칠 후 또 집안이 시끌벅적했다. 새어머니는 안방 마루에 기세등등하게 서서 여종들을 불러모았다. 여종들이 모두 득달같이 달려왔고 형수도 부엌에서 나와 어머님 옆에 대령했다.

"너희들은 도대체 부엌에서 쓰는 행주와 방을 닦는 걸레를 구분해서 쓰는 게냐?"

새어머니의 추궁에 모두 눈만 끔뻑끔뻑하며 금시초문이라는 표정을 지었다. 새어머니는 한숨을 쉬시고 카랑카랑하게 말했다.

"계단아!"

"예!"

계단이가 손을 벌벌 떨었다.

"니가 방을 닦고 나면 방안에서 썩는 냄새가 나서 속이 역하니라. 부엌에 돌아다니는 행주를 대강 헹궈가지고 내 서안을 닦았제?"

"예? 예······."

"서안에서 구정물 냄새가 나아가 내가 어제는 서안을 빛이 드는 데에 내어놓았다. 니도 봤나?"

"예! 잘못했심더. 용서해주이소."

"그리고 위단이랑 옥단이!"

위단이와 옥단이는 고개를 숙이고 어쩔 줄 몰라 했다.

"예, 예."

"너희들은 설거지를 한 후에 행주로 그릇을 닦제?"

"예!"

"냄새나는 행주로 그릇을 닦으니 밥을 먹을 때 그릇에서 역겨운 냄새가 안 나나!"

새어머니의 호령에 위단이와 옥단이는 벌벌 떨었다. 몽둥이에 죽을 정도로 맞은 함창댁이 눈앞에서 어른어른하는 게 분명했다.

"행주를 아침저녁으로 삶고 양지바른 곳에서 바싹 말리라! 또 그릇에서 냄새가 나면 경을 칠테이 그리 알그라!"

"예, 마님!"

"얘야!"

"예, 어무이."

형수가 머리를 조아리며 말했다.

"걸레에 쓸 무명이랑 행주로 쓸 무명을 새로 꺼내서 야들한테 주고 매일 매일 행주칸 걸레칸 따로 삶아 빨고 햇볕에 바짝 말리도록 가르치래이. 다음에 또 썩는 냄새가 나면 모두 곤장을 칠 끼다. 알아들었나?"

"예!"

새어머니가 방문을 닫고 안채로 들어가자, 여종들은 모두 부엌에 들어가 놀란 가슴을 쓸어내렸다. 형수는 한숨을 크게 쉬고 마루 끝에 앉았다. 멍하니 하늘을 바라보던 형수는 부스스 일어나 약을 달일 준비를 했다. 노상추가 형수에게 다가가 물었다.

"형수요, 지어온 약은 이제 다 떨어져가지 않능교?"

"야, 이제 얼마 안 남았습니더. 우얄까요?"

"어무이께 약을 더 드실랑가 함 물어보소. 우짜실 낀지."

노상추는 새어머니가 약을 더 드시겠다고 할지 어쩔지 걱정됐다. 약을 더 드시겠다면 비싼 약값을 앞으로 얼마나 더 써야 할지 걱정이 되기도 했고 그 약을 자기보고 지어오라고 하실까 궁금하기도 했다. 새어머니가 과연 어떻게 하실까?

형수가 여쭈니 새어머니는 너무나 간단하게 대답했다.

"아, 약 다 됐나? 그라믄 됐다. 더 안 무도 된다."

"아, 그럼 이제 약 안 달여도 될까예?"

"그래. 이젠 약 안 묵는다. 그 약만 무면 된다."

참으로 다행이었다. 약을 더 드시겠다고 하면 그 비싼 약값을 앞으로 얼마나 더 써야 할지 모를 일이었는데. 매 보름에 한 번 삼십 냥이 넘는 약을 드셔야 한다면 살림이 남아 나겠는가 말이다. 아무리 아버지라도 그런 약값을 감당하시기는 힘드실 것이다. 하긴 독성이 강한 약이라 했으니 오래 드실 수도 없겠지. 새어머니가 약을 더 안 드셔도 된다고 하니 노상추는 크게 안심이 됐다. 그래. 죽을병은 아닌 거야. 진짜 죽을병이었으면 약을 계속 먹었을 것이 아닌가. 하지만 너무나 간단하게 약은 더 안 먹어도 된다고 잘라 말하니 가슴을 짓누르던 천근만근 같은 걱정이 사라지는 것 같았다.

새어머니는 매사에 의욕적으로 집안일을 해나갔다. 요 며칠은 어머니께서 꽃분이의 돌복을 지으시느라 바쁘셨다. 여동생 머리에 씌울 조바위를 만들겠다며 머리 크기를 실로 재고 옷감을 골랐다. 새어머니는 다른 일을 다 제쳐두고 아기 옷을 만드는데 열심히셨는데 아가 버선에 수를 곱게 놓은 것을 보니 입이 딱 벌어질 정도였다.

"어무이 바느질하는 솜씨랑 수 놓는 솜씨가 어찌나 좋은지 꼭 하늘에서 내려온 선녀가 만든 옷 같습디더."

새어머니는 한번 몰두하면 밤이고 낮이고 열심히 했다. 매사에 활기차고 기세등등했다. 아무리 보아도 새어머니에게서 죽음의 그림자는 보이지 않았다. 그 한약사 놈이 돌팔이인지도 모른다. 어쩌면 그 돌팔이가 내게 돈을 뜯어내기 위해 거짓말을 한 것인지도 모른다. 그래, 그 돌팔이 한약사에게 내가 속은 거야. 그놈이 내게 돈을 뜯어내기 위해 거짓말을 한 게야.

'돌팔이 약사 말을 함부로 옮기지 않은 건 참 잘한 일이데이. 괜히 생사람 잡고 집안 풍비박산 날 뻔하지 않았노. 내가 와 그런 약사 말에 괴로와했을꼬. 나도 참으로 한심하구마. 누가 아나? 아버지 장인이 의학에 통달하셨다 카는데 그 약이 돌팔이 한약사가 보기엔 독약일지 모르나 실제로는 진짜 명의가 처방한 아들을 낳는 비방(祕方)일지…….'

노상추는 한약사의 말을 입 밖에 내지 않은 것을 퍽 다행스럽게 생각했다. 새어머니가 죽을병에 걸렸을 리가 없다. 아무렴 아버지가 그 정도도 모르고 장가를 드실 리가 있겠는가. 노상추는 모든 일을 아버께서 잘 알아서 하셨을 것이라 굳게 믿고 더 이상 생각하지 않기로 했다. 더 생각했다가는 머리가 터져 제명에 못 죽을 것 같았다. 미쳐서 죽느니 생각을 그만하는 게 상수다. 노상추는 휘몰아치는 감정에 휘둘리지 말고 정심을 잡으려고 했다. 공자님 말씀대로 수신은 정심에서 온다. 마음을 올바로 하는 것으로 수신을 이룬다. 정심! 마음을 올바로 세운다. 돌팔이 한약사 말 한마디에 휘둘렸던 자신을 반성했다. 그리고 책을 폈다. 육경에 서산을 하나씩 꽂았다. 그리고 대학의 첫장을 펴고 읽기 시작했다. 사월이 가고 오월이 왔다. 오월의 첫날 드디어 일기를 썼다.

'아침에 초하루 제사를 지냈다.'

삭망전 제사를 지내는 것으로 오월을 시작했다. 새어머니와 아버지도 정성을 다해 제사를 지냈다. 노상추도 마음을 다잡고 생활에 임했다. 아침저녁으로 빈소에 가서 곡을 하고 새벽에는 공부하고 낮에는 농사일을 돌봤고 저녁에도 공부를 했다. 오월이 되어 농번기에 접어들면서 보리타작에 모내기에 할 일이 천지였다. 새어머니가 적어주신 대로 공부를 해보니 앞으로 십 년 동안은 매일 밤을 새워 공부를 해도 모자란다. 노상추는 매일 일찍 일어나 머리 빗고 세수하는 일부터 시작했다. 사서오경을 한 달에 한 권씩 외워나갈 계획을 세우고 대학부터 시작했다. 아침에 대학을 1장부터 3장까지 큰소리로 읽은 다음 세 번 정서하면서 외웠다. 새벽에는 정신을 오로지 공부에만 집중했다. 공부에 집중했다기보다 온 힘을 다해 번뇌라는 감옥으로부터 탈출하고 싶었는지도 모른다. 번뇌는 덫이다. 번뇌의 덫을 있는 힘을 다해 깨어버리고 진리의 세계로 가야 한다. 그게 살길이다. 노상추는 서산의 한 눈금 한 눈금을 올려가며 열심히 읽고 또 읽었다.

눈썹에 불이 붙어도 끌 시간이 없다는 보리 수확 시기가 됐다. 보리를 빨리 수확하고 타작해야 다음 모내기를 할 수 있기 때문에 보리는 추수해서 타작까지 쉴 새 없이 해야 한다. 중간에 비라도 와서 보리 낟알이 비를 맞아 싹이라도 트면 엿질금을 하든지 갖다 버리는 수밖에 없다. 무슨 수를 써서라도 일단 베었으면 밭에서 말린 후 타작해서 곳간에 들이기까지 비를 맞으면 안 된다. 노상추는 아침 일찍부터 집안 모든 노비들을 들로 내보내 보릿단을 지고 오라고 했다. 여종들은 대문 앞에서 보리 타작 준비로 바빴고 사내종들은 지게에 보릿단을 산처럼 지고 와서 대문 앞에 쌓았다. 드디어 검쇠와 덕돌이가 도리깨로 보릿단을 내리치면서 보리타작을 시작했다. 위단이와 계단이 잇분이, 옥단이는 모두 쏟아지는 보리 낟알을 부지런히 끌어모아 키질을 한 후 가마니에 넣었다. 오월의 햇볕이 일꾼들의 머리와 등때기를 뜨겁게 내리쬐어 모두 땀을 비 오듯 흘리며 보리타작했다. 아버지는 신기에 있는 보리밭에 감독하러 가셨다. 노비들이 소처럼 일하자 보리 낟알이 쏟아졌다.

"올해는 보리 풍년일세."

"낟알이 실하다."

노상추는 기분이 좋아졌다. 지난 가을에 파종해서 춥고 어두운 겨울을 거쳐 새봄이 되면 열매를 맺는 보리. 봄에서 여름으로 넘어가는 이 시기에 쌀이 떨어져 굶주릴 때가 되면 보리가 사람을 구해준다. 보리의 덕이 얼마나 높은가!

'보리야, 니도 힘든 겨울을 지냈나? 나도 힘든 겨울을 지냈다. 니는 추운 겨울에 이렇게 아름다운 열매를 많이 맺었는데 나는 열매를 맺지도 못했구나.'

해마다 보는 보리 낟알이었지만 올해는 마음이 남달랐다. 노상추는 타작마당에 쌓여있는 보릿단과 머슴들이 한번 내리칠 때마다 쏟아지는 보리를 보고 위안을 얻었다.

'보리야, 고맙구나. 네가 정말 장하다.'

노상추는 올해 보리가 풍년이 들어서 그런지 아니면 며칠 전 쌀을 팔아 빈 곳간을 다시 채워주는 보리가 고마워서 그런 건지 헛헛했던 가슴이 채워지는 것을 느꼈다. 머슴들과 여종들은 땀을 비 오듯 흘리면서도 신나게 노래를 부르며 보리를 타작했다.

"옹헤야, 옹헤야, 넘어간다, 옹헤야, 여기 쳐라 옹헤야.

여기도 치고, 옹헤야, 쿵절쿵절, 옹헤야, 잘 넘어간다, 옹헤야.

아이고지고, 옹헤야, 이 단 넘어, 옹헤야, 거디다 두고, 옹헤야.

다른 단은, 옹헤야, 또 쳐뿌자, 옹헤야."

한창 뜨거운 햇볕 아래에서 일을 하고 있는데 함창댁도 행랑채에서 나와 비실비실 걸어왔다. 함창댁은 그때 얻어터진 이후로 정신이 나가 버렸는지 멍한 얼굴로 방구석에 쳐박혀 있었다. 위단이가 밥을 갖다주면서 매일 짜증을 부렸다. 새어머니는 함창댁을 어떻게 하라 말씀이 없었다. 그러던 함창댁이 오늘 보리타작 소리를 듣고 방에서 나와 구석에 쭈그리고 앉더니 가만 구경을 하는 것이었다.

"아, 거기 그렇게 있지 마고 여그 와서 좀 도와주소."

"아, 보리타작할 때는 부지깽이도 한몫한다 안 혀요? 와서 좀 가마때기라도 잡으소."

여종들이 모두 한 소리씩 해대자 함창댁은 멍한 얼굴로 있다가 일어나더니 와서 가마니를 붙잡았다.

"좀 우떻소?"

옥단이가 물었다. 함창댁은 여전히 아무 말이 없었다.

"아따, 마 이자는 말도 알아듣고 다 나았구마는."

잇분이가 말했다.

"낟알 퍼뜩 안 퍼담나!"

덕돌이가 소리를 지르자 여종들은 모두 후다닥 낟알을 퍼담아 키질을 한 후에 가마니에 넣었다. 다행히 보리 추수하고 타작할 때까지 비가 오지 않아 무사히 보리를 곳간에 들여놓았다. 다음 날 비가 많이 내렸는데 보리를 다 거둬들인 후라 안심이 됐다. 오후에 한낮이 되어 사랑에서 쉬는데 김천에서 형수의 친 오라버니가 왔다. 형수가 뛰어나가서 반갑게 맞이하고 새어머니께 인사를 시켜드렸다. 새어머니께서는 안채 마루에 따악 서서 마당에 있는 손님에게 당당히 인사를 받으셨다.

"어무이, 제 오라버니입니더."

"안녕하십니꺼! 처음 인사올립니더. 혼례날에 못 와봐서 죄송합니더. 혼례 소식을 나중에서야 들었구마요. 미리 들었시믄 마 무슨 일이 있어도 왔을 낀데요."

"아입니더, 괘안습니더. 괘념치 마십시오. 이래 와주시가아 고맙십니더."

새어머니가 말했다.

"이건 새우젓인데 입맛에 맞으실지 모르겠십니더."

"귀한 새우젓을 주시니 참말로 감사합니더. 날이 더운데 애야, 사랑으로 뫼시고 편히 말씀 나누거라."

"예."

형수는 오라버니를 사랑 대청마루로 모셔갔다. 위단이가 시원한 오미자차와 쑥굴레를 내어 왔다. 그는 아버지께서 신기에 출타 중이라 만나지 못하고 선걸음에 집을 나섰다. 형수는 오라버니를 바래다준다며 동구 밖까지 나갔다. 노상추가 노비들이 모내기하는 것을 감독하다 형수가 마을 입구 정자나무 아래에서 오라비와 한참 동안 이야기 나누는 것을 보았다.

'먼 이야기를 저래 해가 넘어가도록 해쌓노!'

그날 저녁부터 왠지 형수가 영 정신이 딴 세상에 가 있는 것 같았다. 대답도 제때 못하고 한참 있다고 '머라 캤능교?' 하고 물어보는가 하면 먼 산만 바라보며 넋 나간 얼굴을 하고 있었다. 저녁 식사 때에도 새어머니께서 숭늉을 가져오라고 하셨는데 못 듣고 멍하니 앉아 있다가

혼이 났다.

 유월 십팔 일 여동생 돌이 됐다. 상중이라 돌잔치를 할 수는 없었지만 그래도 오천운 어른도 오셨고 최 외삼촌도 오셔서 바둑을 두고 노시다가 점심에 모두 모여 조촐하게 여동생의 돌잔치를 했다. 새어머니는 여동생에게 조바위와 색동저고리를 입히셨다. 오천운 어른이 말씀하셨다.

"아이고 색동저고리가 참으로 곱구마는. 부인이 옷을 짓는 솜씨를 보니, 직녀가 울고 갈 판이오. 허허허."

"고놈 참! 조바위를 씌워놓으니 앙증맞구마. 양실당 자네는 참 장가 잘 갔데이. 허허."

"실없는 소리를 잘도 한다, 허허."

아버지께서 웃으셨다.

모두 활짝 웃고 있는데 형수가 말했다.

"우리 어무이야 능력으로 치면 재사요, 외모로 치면 미인이라 안 합니꺼."

그 말에 모두들 그렇다며 고개를 끄덕이는데 새어머니의 표정은 갑자기 돌처럼 굳어지며 형수를 빤히 쳐다봤다. 형수도 새어머니를 쳐다봤는데 잠시지만 턱을 치켜들며 다른 쪽으로 고개를 돌리는 것이 항상 새어머니 앞에서 쩔쩔매던 모습과는 사뭇 달랐다. 새어머니는 다시 아기에게 고개를 돌리며 상냥하게 웃다가 갑자기 옆으로 휘청하셨다. 아버지가 깜짝 놀라 어머니를 붙잡았다.

"여보, 왜 그러시오?"

"아닙니더. 괘안십니더."

"어허, 그러게 내가 바느질을 너무 많이 하지 말라고 안 했소. 당신이 요즘 날도 덥은데 무리를 해서 그렇소. 방으로 들어가서 누우시오."

"아입니더. 괘안십니더."

"우리 신경 쓰지 마시고 들어가 누우소."

오천운 어른이 말씀하셨다. 어머니는 극구 괜찮다며 잠시 어지러웠다고 하고 계속 아기 옆에 앉아 계셨다. 아버지와 오천운 어른과 최 외삼촌은 사랑채에 가서 바둑을 두셨고 노상추는 들에 나가 모내기가 끝난 논을 둘러봤다. 저녁이 되자 손님들은 모두 돌아가시고 식구들끼리 저녁을 먹은 다음 안채 마루에 둘러앉았다. 아버지께서 말씀하셨다.

"야들아, 신기에 있는 집을 내가 요 몇 달 수리했다. 알제?"

"예!"

"이제 느그 새어머니캉 내캉 신기에 있는 집에서 살라 칸다."

"예?"

노상추는 깜짝 놀랐다. 새어머니는 옆에서 태연한 얼굴로 있었다. 아버지께서 말씀을 이어가셨다.

"이제 너희도 다 장성했다 아이가. 다 독립할 나이가 되었으니 이제 너희 힘으로 살도록 하거라. 내랑 느그 새어머니는 신기에 가서 살란다."

"그라믄, 아아는 우야능교?"

"유모가 한 사람이니까네 여기서 같이 키워야 안되겠나. 아기들은 상추 니랑 효명이가 잘 보살피거라. 함창댁은 내가 델고 갈란다."

새어머니가 대답했다.

"예,"

노상추는 얼떨결에 대답했다. 새어머니는 고개를 돌려 형수를 똑바로 보며 말했다.

"며늘아, 니 내 때문에 고생 많았데이. 니도 이제 편하게 지내라."

"아, 예."

형수는 고개를 숙이고 대답했지만 왠지 표정이 싸늘했다. 언젠가부터 새어머니를 대하는 형수의 태도가 조금 달라졌다. 아니라고 한마디 할 법도 한데 형수는 잘 생각했다는 듯 칼 같이 '예'라고만 대답했다. 둘 사이에 흐르는 차가운 한기가 오뉴월 더위에 노상추에게도 느껴졌다.

5. 모든 것은 지나간다

1765년 · 을유년 · 영조 41년 · 6월 · 19세

아직 장마철도 안됐는데 올해에는 오월 말부터 비가 퍼붓듯이 왔다. 낙동강이 다시 불어서 포구의 논과 밭이 물에 잠겨버렸다. 다행히 추수해 놓은 것은 타작해서 곳간에 들여놨지만, 아직 낙동강 주변의 논과 밭에는 미처 추수하지 못한 보리와 밀이 남아 있었다. 노상추는 마음이 다급해져서 매일 강 옆의 땅에 들락거리며 밀과 보리를 들여다보았다. 물이 빠진 후 남은 밀과 보리를 추수해서 말렸는데 그나마 걱정했던 것보다는 낟알을 많이 거둬들여서 퍽 다행이었다. 강 옆에 논과 밭은 비옥해서 뭐든 심으면 쑥쑥 자라고 작황이 좋아 옥답인 것 같지만 비만왔다 하면 다 떠내려가는 바람에 애물단지였다.

그렇게 한숨을 돌리나 했는데 유월 나흗날이 되자 아침부터 유모가 사랑채로 뛰어왔다.

"나으리, 아기가 토하고 설사를 합니더."

깜짝 놀라 유모 방으로 가보니 온 방에 젖을 토해놓았고 기저귀는 설사로 젖어 있었다. 노상추는 아기를 안고 배를 문질러 줬는데 기저귀

밖으로 설사가 흘러내렸다. 아이는 울다가 토하다 울다 토하다 했다. 아이가 아파하는 것을 보고 마음이 찢어지는 것 같았다. 노상추는 위단이에게 보리차를 엷게 끓이고 밥을 끓이라고 했다. 유모에게는 아이에게 보리차와 밥을 끓은 물을 번갈아 가며 한 숟갈씩 먹이라고 했다.

"밥알은 먹이지 말고 밥 끓인 물을 떠믹이게."

노상추가 아이 배를 따뜻한 손으로 문질러 주자, 아이는 잠이 들었다. 엄마도 없이 유모의 손에 자라는 아들을 보며 노상추는 마음속으로 한없이 울었다.

'불쌍한 것, 말 몬 하는 기이 태어나자마자 엄마도 없이 자라야 하니 얼마나 서럽겠노. 아들아, 아들아, 울지 말고 자거라. 오늘내일 앓고 나면 낫는다.'

노상추는 아이의 배를 강보로 덮어주었다. 아이의 강보에 수 놓인 '壽(수)' 자가 보였다. 새어머니가 놓아준 자수였다. 새어머니는 아이들이 쓰는 이불과 옷가지에 '수' 자를 수놓았다. 그 수 자를 보고 새어머니에게 고맙다는 생각이 들었다. 생판 남인 젊은 처자가 난데없이 시집와서 그래도 할머니 노릇, 엄마 노릇을 열심히 한다. 안방에는 효명이와 위단이가 여동생을 돌보고 있었다. 다행히 여동생은 별 탈 없이 방긋방긋 웃고 있어서 다행이었다.

"밤톨이가 설사하자마자 이리로 델고 왔다. 안 올랐을 끼이다."

효명이가 말했다. 집안에 갓난아이가 둘이나 있으니 앉으나 서나 걱정 근심이 끊이지 않았다. 요즘 좀 빤하다 싶으면 한 놈이 콜록콜록하고 이제 좀 낫나 싶으면 다른 놈이 열이 오르니 일 년 내내 아이들 병치레. 두 아기가 한집에 태어나 모두 어미를 잃은 채 유모의 손에 자라는 것을 보니 마음속 깊은 곳에서 아픔이 올라왔다. 어머니와 아내가 살아서 여기 함께 있었더라면 오늘 이 순간이 얼마나 기쁘고 행복했을까. 백번 양보해서 둘 중 한 사람이라도 건강하게 회복했더라면 얼마나 좋았을까. 이 아이들이 다음에 커서 우리 엄마 어디 갔냐고 물으면 얼마나 가슴 아플까. 엄마 없다고 울면 또 뭐라고 해줄 것인가. 노상추는 생각만 해도 온몸이 저며왔다.

  6월 25일 어머니의 소상을 지냈는데 고을 사람 수십 명이 조문을 해주셨고 8월에는 담제를 지내고 탈상했다. 아버지께서 살아계셔서 삼년상은 지내지 않고 일년상으로 한 것이다. 새어머니께서 어머니의 소상과 담제에 모두 정성을 다하셔서 친척들의 칭찬을 받았다. 아버지는 무척 기뻐하셨는데 그러면서도 새어머니가 무리할까 전전긍긍하셨다. 담제를 지내고 새벽녘이 되어 손님들은 주무시러 가시고 하인들이 뒷정리하고 있었는데 아버지는 새어머니만 쳐다보고 있다가 계속 들어가 쉬라고 하셨다.

  "여보, 나머지 일은 며느리와 여비들에게 맡기고 그만 들어와 쉬시오."

  "아입니더. 마칠 때까지 봐야지예."

  두 분이 신기에 있는 집으로 이사하셔서 함창댁의 수발을 받으며 생활하신 후 아버지는 더욱 새어머니에게 애정을 쏟으시는 것 같았다. 집에 내려오셨다가도 해가 지려고 하면 꼭 신기에 있는 집으로 올라가셨다. 이젠 아버지의 집은 신기에 새어머니가 계신 집이었다. 아버지는 신기의 집과 노상추의 본집을 다니시며 집안일을 돌보시느라 바쁘셨다. 한동안 외면했던 농사일도 열심을 내셔서 고남, 개령, 김산, 신기에 있는 전답을 둘러보시고 농막에도 머무르시며 논과 밭에 노비들이 김을 잘 매는지, 물을 잘 대는지, 논두렁은 무너지지 않는지 살피셨다. 또 성곡 땅에 서실을 지으시기로 하시고 일꾼들을 모으고 자재를 조달하고 목수들을 불러 일을 벌이셨다.

  "야야, 내가 서실을 함 지어볼라 칸다."

  "서실이요?"

  "그래. 우리 집에도 니캉 완복이캉, 술증이, 희증이, 니 아들 밤톨이캉 다 과거 봐야 안 되나. 집에만 있으모 공부가 잘 안된다. 열심히 공부할라 카면 마 서실을 따로 뒤가아 공부에 매진하도록 해야된 데이. 또, 서실에서 동네 선비들이 모여서 같이 공부해도 되고 집안 아이들 불러놓고 서당으로 해도 되지. 집에 쌓아둔 책들을 서실에 가지런히 정리도 할 수 있다 아이가."

"마, 서실이 있으면 지는 좋다 아입니꺼. 집에 있으면 아무래도 집중하기가 힘들지예."

"하모. 그기이 다 느그 새어무이가 니캉 완복이캉 과거 시험 준비할라 카믄 서실을 따로 만들어주는 기에 안 좋겠나 캐서 내가 작심했다."

역시 아버지를 움직이는 사람은 새어머니였다. 아버지는 혼인 전과는 달리 마치 이십 대 청년처럼 날아다니 듯 이곳저곳을 다니시며 일사천리로 일을 추진하셨다. 열심을 내신 끝에 여름이 가고 가을이 되어 논에 벼가 누런 머리를 숙이기 시작할 즈음 서실의 상량식을 올렸다. 술증이와 희증이, 완복이와 형수, 효명이 모두 서실의 상량식을 하러 왔다. 새어머니도 함창댁을 데리고 가마를 타고 오셔서 우리를 맞아주셨다.

"우리 손자님들 행차하셨습니꺼!"

새어머니는 환한 미소로 술증이와 희증이를 안아주셨다. 형수와 여비들은 고사상에 돼지머리를 놓고 떡을 쌓아 올리느라 바빴다. 새어머니는 술증이와 희증이의 손을 잡고 효명이와 함께 서실을 둘러보았다. 서실은 옆면이 두 칸, 앞면이 세 칸인데 방 두 개에 마루가 하나인 아담한 집이다. 사람이 많이 모였을 때는 방의 문을 다 터서 하나의 큰 강당으로도 쓸 수 있도록 했다.

"참말로, 남자들은 좋겠다. 이렇게 좋은 서실도 있어가아 실컷 공부할 수도 있고."

효명이는 부러운 듯 말했다. 새어머니는 효명이를 보며 고개를 끄덕였다.
 "너무 부러워하지 마라. 여자들에게는 안방이 안 있나. 우리는 안방에서 바느질하고 떡도 묵으면 된다아."
 상량식에는 도세휘 어른과 달신이 형이 오셨다.
 "아따! 서실 한번 잘 지었구마!"
 도세휘 어른의 칭찬에 아버지는 어깨를 으쓱하셨다. 모두가 모이자 고사를 지냈다. 정성 들여 지신과 택신에게 제사를 올린 후 목수와 인부가 마룻대를 양쪽에 광목을 묶어 잡아끌어 올렸다. 마룻대에는 아버지께서 전날에 써두신 축문과 날짜가 기록되어 있었고 고기와 떡 같은 음식을 하얀 종이에 사서 실에 주렁주렁 매달아 놓았다. 노상추는 서실이 완성되어 가는 모습에 마음이 흐뭇했다. 이곳에서 공부도 열심히 하고 친척들이나 친구들을 불러 모아 과거 공부도 열심히 해보고 싶은 의욕이 솟았다. 마룻대를 올린 다음엔 모두 모여 준비해 온 술과 고기와 음식을 배불리 먹었다. 새어머니도 기분이 좋으신지 아버지 옆에서 연신 웃고 계셨다. 상량식을 마치고 헤어질 때가 되자 새어머니는 형수를 부르셨다.
 "야야, 이젠 이건 니가 갖고 있거라."
 새어머니가 주신 것은 곳간 열쇠였다.
 "아이, 이걸 왜 지를 주십니꺼? 어무이께서 갖고 계시야지요."
 "아이다. 내는 새집에 있는데 내가 계속 이걸 갖고 있으면 되나. 이제 본집 살림은 니가 알아서 잘 하그래이."
 형수가 곤혹스러워하자 아버지께서 웃으시며 받으라고 자꾸 손짓을 하셨다. 형수는 열쇠를 받아 들고 얼굴에 미소를 지었다.
 "니가 고생해라. 내는 마 새집에서 아부지 잘 모실 테이 까네 니는 어린 식구들 잘 해믹이고 잘 해입히거라."
 새어머니가 말씀하셨다.

"예."

"내는 마 먼저 들어가 볼란다. 힘이 드네. 함창댁!"

고기를 먹고 있던 함창댁이 달려왔고 점발이와 삼재가 가마를 가져와서 새어머니를 태웠다.

"완복아, 어무이 집에 모셔드리고 와라."

"예!"

완복이가 앞장 서서 새어머니를 태운 가마를 이끌고 신기 집으로 향했다. 새어머니가 가시고 아버지는 손님들과 서실 앞뜰에서 술잔을 기울이며 이야기를 나누셨다.

"요즘 풍수 잘 보는 지사가 누가 있일꼬?"

"풍수?"

도계회 어른이 물으셨다. 아버님은 가벼운 한숨을 쉬시며 말했다.

"형님도 아시다시피 요 십 년 동안 우리 집에 풍파가 많았다 아이요. 집터가 안 좋아가아 그런가 싶어서."

도계회 어른이 안쓰러운 얼굴로 말하셨다.

"그래, 집에 운이 트일라카면 이름을 바꾸든지 집을 바꾸면 좋다."

노상추는 지관을 찾는 아버지를 보며 안타까운 마음에 눈물이 났다. 새어머니와 혼인하신 후 행복해 보이기는 하지만 아버지는 불안한 마음을 떨쳐내지 못하신다. 너무나 행복해서 그러신 건지 아니면 불행의 씨앗이 자라고 있는 것을 알아채신 건지 알 수 없었다. 밝은 얼굴로 조카들과 지내다 가신 새어머니도 그렇고 아버지도 그렇고 평상시처럼 밝은 얼굴을 하고 계시지만 말끝에 드리워지는 그림자를 느낄 수 있었다.

"아부지, 흉한 세월도 길어야 십 년입니더. 이자 아부지도 새로 혼인도 하셨으이 까네 앞으로는 마 운이 트인다 아잉교. 새어머니께서 우리 집안에 복을 가져다 주실 낍니더."

아버지는 그 말에 밝게 웃으셨다.

"맞다. 니 말이 맞다."

그리고 술을 쭉 들이키셨다. 젓가락으로 돼지고기를 집으시고 입으로 가져가시는데 웃고 계셨지만, 입꼬리는 점점 내려가고 있었고 눈에는 보이지 않는 눈물이 흐르고 있었다. 노상추는 그럴수록 더 떠들어댔다.

"아부지, 걱정 마이소. 저랑 완복이랑 이 서실에서 공부 열심히 하고 술증이랑 희증이도 공부 열심히 시키고 하믄 마, 다 잘될 낍니더. 잘 된다이 카이요."

상량식을 한 후 아버지는 너무 과로하셨는지 감기에 걸려 자리에 누우시고 며칠을 앓으셨다. 노상추는 아버지를 대신해서 논두렁을 다니면 추수를 준비하느라 바쁘게 지냈다. 10월이 되자 노상추의 고모네 식구가 몰려오기 시작했다. 그 출발은 13일 고모부 조석옥이 온 것이었다. 강가의 논을 둘러보고 집에 와보니 고모부께서 사랑채 마루에 앉아 계셨다. 노상추는 반가운 마음에 뛰어 들어가 인사를 올리고 사랑채 안방으로 모셨다. 고모부의 표정이 붉으락푸르락하며 화가 많이 난 것 같았다.

"우짠 일이십니꺼?"

노상추가 여쭈었다.

"마, 저 대현산은 우리 조씨 일가 문중산이다 아이가. 그 산이 마, 이 선산 일대에서는 제일가는 명당이데이. 우리 조씨 가문이 그곳에다 조상님들을 모신 후로 후손들이 이만큼 안 사나. 대현산 골짜기가 양쪽으로 흘러 좌청룡 우백호가 늠름하게 뻗어서 산에서 내려오는 정기를 꽈악 모으고 있다. 그래서 내가 몇 년 전에 지사를 델고 그 골짜기에 가서 내 못자리를 봐놓고 가묘를 맹글어놓은 기라. 그리고 주변에 표지석을 세 개 박아놓고 줄을 다 쳐놨다꼬. 그런데 어느 돌쌍놈이 남우 산에 들어와 가아 즈그 애미 묻는다고 내가 박아 놓은 표지석 중에 제일 우에 있는 상석을 빼뿔고 내 못자리 바로 우에 즈그 애미를 갖다 묻어 뿌린 기라아. 그 돌쌍놈이 분명히 내가 맹글어 놓은 가묘를 봤을 낀데 낯짝도 두껍지. 우데 묘를 쓸데가 없어서 남이 가묘를 해 놓은 곳에 지가 들어와 묘를 쓰노? 땅 파먹는 것 빽기 모르는 농사꾼 놈이 아무리 무식하기로서니 우데 그런 뻔뻔스런 짓을 했겠노?"

그 소리를 듣자마자 노상추는 꼭 자기 못자리라도 빼앗긴 듯 화가 머리끝까지 났다.

"남이 가묘를 만들어 놓은 곳에 즈그 맘대로 묘를 파다이 참말로 쥑이지도 몬하고 우얍니꺼?"

"그케 말이다. 마, 말로는 안 되고 선산 관아에 들어가서 송사를 해야 한다."

"그런데 선산 부사는 지금 한양에 잡히 올라갔다 카던데요."

"그기이 먼 소리고?"

"서울에서 내려온 경포수가 있다 아입니꺼. 선산 부사가 그 경포수를 다시 한양으로 올려보냈는데 그 자슥이 올라가서 세금을 자기 돈인 양 써 뿌리가아 잡혀들어갔는데 선산 부사도 같이 잡히 들어가 뿌린 기라요."

"어허, 그럼, 지금 선산 관아는 비어 있단 말잉가?"

"며칠 기다리셔야 될 깁니더. 부사가 돌아와야 송사를 하지 않겠습니꺼."

"그야 글치."

고모부는 그날 하룻밤 주무시고 못자리를 다시 보러 가신다며 집을 나섰다. 산송은 한번 시작하면 골치가 썩어 문들어져 누구 하나 죽어 나가야 끝이 난다. 노상추는 우리 집엔 저런 일이 벌어지질 않길 간절히 바라며 고모부 집안의 산송 문제도 잘 해결되길 바랐다. 가을이 깊어져 가고 논의 벼도 무르익자 노상추는 노비들을 이끌고 논과 밭을 부지런히 오가며 추수를 시작했다. 추수하느라 눈코 뜰 새 없이 바쁜데 미봉사에서는 승려들이 스무 명이나 내려와 온 동네를 돌아다니며 곡식을 구했다. 노상추 집에는 정법 스님이 오셔서 반갑게 맞이하고 작설차를 대접했다. 정법 스님은 추수가 잘 되는지 물으시고 아버지 허리 병에 대해서도 쾌유를 비신다며 기도해 주시겠다고 하셨다. 노상추는 감사한 마음에 쌀을 두 가마니 시주했다. 정법 스님은 나가시는 길에 집안을 한번 돌아보시고 노상추에게 합장하며 말했다.
"모든 것은 덧없이 지나갑니다. 끊임없이 정진하십시오."
노상추도 함께 합장하며 정법 스님에게 인사했다. 정법 스님은 항상 알 듯 말 듯 한 말씀을 하시지만 오늘따라 던지고 간 말이 오묘하게 느껴졌다. 다음 날 고모부께서 오셨고 고모부 형제들이 속속 노상추의 집으로 모여들었다. 선산 부사가 다행히 경포수의 부정 행위와 관련이 없음이 밝혀져 선산으로 돌아왔고 관아가 업무를 재개한 것이다. 그 소식에 모두 한달음에 노상추 집으로 집결했다. 고모부와 어르신들은 힘을 합쳐 남의 문중산에다 마음대로 어머니 묘를 쓴 그 천하의 몹쓸 농사꾼 놈을 몰아내야 한다고 입을 모았다. 해가 저물 무렵 아버지도 새어머니와 함창댁을 데리고 집으로 오셨다.
"아이고 새신랑 오시네."
고모부가 환하게 웃으시며 아버지를 맞이하셨다. 고모부도 아버지도 처를 잃으셔서 그런지 두 분은 손을 잡고 만감이 교차하는 표정을 지었다. 고모부는 아내에 이어 며느리를 잃은 아버지를 보시고 더욱 마음 아파하는 것 같았다. 고모부는 연신 아버지의 어깨를 두드리시며 웃고 있었지만, 눈에는 눈물이 그렁그렁했다. 아버지도 고모부 손을 꼭 잡고 고개를 끄덕이셨다. 아버지의 뒤를 따라 새어머니가 사랑채로 올라오셨는데 어른들은 새어머니를 보고 모두 흐뭇하게 미소를 지으셨다. 아버지도 새어머니를 자랑스럽게 고모부 형제들께 소개를 했다. 새어머니는 고모부님들께 큰절을 올렸고 고모부와 척숙 어른들도 맞절을 하셨다. 고모부께서 말씀하셨다.

"혼인을 서둘러 하시는 바람에 미처 인사를 몬 드렸십니더."

"아입니더. 제가 먼저 찾아뵙고 인사를 올렸어야 했는데 이래 만나뵙게 되가아 송구스럽습니더."

"새집 살림하시기가 수월치 않으실 터인데 너무 애쓰지 마시고 편하게 하십시오."

"아입니더. 저 때문에 아아들이 마이 애쓰고 있습니더. 항상 고맙지예."

어른들께서 덕담을 많이 해주셨고 새어머니께서는 말씀 나누시라고 물러나신 후 안방으로 가셨다. 새어머니께서 집을 떠나신 후에도 안방은 새어머니 오실 때 쓰시라고 비워뒀다. 새어머니는 피곤하신지 안방에서 나오지 않으셨고 아버지는 어른들과 송사 문제로 목에 핏대를 세우셨다.

"세상이 우예 돌아가는지 요즘에는 마 돌쌍놈들이 양반 가문의 묘가 명당이라꼬 즈그 부모 뼈를 마음대로 갖다 묻는다 안하요. 더 기맥힌 것은 송사에서 져서 원님이 묘를 파내라꼬 명령을 내리도 땅이 얼어서 몬판다, 추수 때메 바빠서 몬 판다 하미 차일피일 미루고 안 파내면서 뻗댄다 카더라꼬요."

"맞다. 한번 묘를 쓰면 아무리 천한 것들 묘라도 손대지 몬하구로 하는 기이 이 조선의 법도인데 그걸 이용해가아 불법으로 남우 산소 옆에다가 떠억 묘를 만들어놓고 산송에서 져도 내도 모리겠다고 엎어져 뿌린다. 그기 그 못자리 도둑놈들이 하는 짓잉기라."

"저런, 저런! 빌어묵을 것들을 봤나! 대명천지에 국법이 지엄한테 우데서 돌쌍놈들이 양반 문중산에 감히 들어와서 짐승도 만도 몬 한 짓을 하는가아. 쯧쯧."

"옆자리에 갖다 묻는 건 새 발에 피라 안 합니꺼. 참말로 금수만도 몬한 것들은 양반 묘를 파내 가아 즈그 부모 뼛골을 양반 뼛골캉 합쳐 뿌린다 캅디더."

"머라꼬! 저런 저런 벼락 쳐맞아 죽을 놈들 같으니라꼬."

"갖다 묻어뿌리고 도망쳐뿌면 잡도 몬한다 캅디더. 천하고 무지몽매한 것들이 다음 세상에서는 양반으로 태어나 볼라꼬 하는 짓거리라 합니더!"

노상추는 듣다 보니 핏대가 올라 화를 가라앉힐 수가 없었다.

"그런 돌쌍놈들한테 지면 안 됩니더. 산송에서 이기도 말을 안 들으모 노비들 풀어가아 즉신 두들겨 패주기라도 해야지요. 겁을 줘서라도 파내야지 안 그라면 십 년 이십 년 끌다 세월 다 보냅니더."

남의 묘자리를 탈취해서 미래에 후손들이 받을 복을 빼앗는 나쁜 놈들은 싹을 도려내고 뿌리를 뽑아야 한다. 저녁 식사를 마치고 어른들은 그 돌쌍놈을 고발하는 문기를 작성하느라 바빴다. 노상추는 분한 마음에 옆에서 어떻게 쓰는지 지켜보고 있는데 완복이가 들어와 잠깐 할 말이 있다고 했다. 노상추가 나와보니 효명이와 형수도 와 있어서 사랑채 건넌방으로 갔다.

"와? 먼 이야기고?"

"저그, 함창댁이 따라왔다 안 하나."

"그래, 새어머니 모시고 온 거 봤다. 와?"

"함창댁이 내한테 카는데 지금 새어머니가 아프시단다."

완복의 말에 노상추는 가슴이 쿵 내려앉았다. 애써 외면하려던 우환이 드디어 머리를 쳐들고 들어오는 것 같았다. 완복이가 말했다.

"내가 지난번 서실 상량식 할 때 어무이를 모시고 신기 집으로 갔다 아이가."

"그란데?"

"그때 사실 집에 가다가……."

"가다가?"

"가마 안에서 이상한 소리가 나는데 마 내가 열어 볼 수도 없고……."

"그래서?"

"일단 가마를 내리라 카고 함창댁이 가마를 열었는데 어무이가 마……."

"어무이가 뭐?"

"눈이 뒤집어 지고 입에서 거품이 나고 팔 다리가 막 돌아가더라꼬."

"머라꼬?"

"함창댁은 어무이를 가마에서 끌어 내가아 손발을 막 주무르더라꼬. 막 뺨을 치면서 '아가씨 정신 차리소' 하고 소리를 지르는 기라. 내가 마 하도 놀래고 무서버가아……. 그란데 쪼매 있으이 까네 어무이가 깨어나는 기라. 그래가아 가마를 다시 태워가아 신기 집으로 갔지. 가마에서 내리시는데 어무이가 내헌테 있었던 일을 아무한테도 말하지 말라 카는 기라. 어무이가 때가 되면 직접 이야기한다꼬 내보고는 그냥 기다려 달라 카더라꼬. 내는 마 가심이 벌렁거리가아 그냥 고개만 끄덕끄덕했지."

"도련님, 새어무이는 오래 몬 사십니더."

형수가 잘라 말했다.

"누가 그캅디꺼?"

노상추가 물었다.

"저분에 어무이가 신기 집으로 떠나시기 전에 제 친정 오라버니가 와서 인사드렸다 안 합니꺼. 그때 오라버니가 집에 돌아가시기 전에 지한테 일러줍디더. 오빠가 장가갈 적에 올케가 델고 온 여종이 있는데 가가 올케네 집으로 팔려 오기 전에 상주 단곡에서 자랐다 캅디더. 어릴 적에 이 생원 집에 있는 여비들캉 맨날 어울리가아 놀았는데 즈그 집 상전 셋째 딸이 곧 죽는다, 곧 죽는다 캤다 카데요. 그라던 그 집 딸이 우리 시아버지캉 혼인을 했다카이 마 놀래 자빠지더랍니다. 셋째 딸이 어려서부터 병을 앓아가아 단곡에 있는 의원들이란 의원들은 모두 열 살을 못 넘길 끼라 캤다 캅디더. 그란데에 그 집 생원 어른이 조선 팔도를 샅샅이 뒤져가아 용한 의원한테 비방을 받아내서 살려냈다 카데예. 그래 한 해 한 해 살아온 기이 오늘까지 왔답니더."

　노상추는 몸에 힘이 쭈욱 빠졌다. 짐작은 하고 있었지만 외면하고 있었는데 결국 올 것은 이렇게 오고야 마는구나. 그냥 막연히 잘 될 거라고 믿었는데 내가 어리석었던 걸까. 무서운 현실 앞에 나약한 믿음은 얼마나 무가치한가.

　"그라믄 마 우째야 되겠십니꺼?"

　노상추가 묻자 형수가 말했다.

　"지금 함창댁이 지한테 카는데 새어무이는 아무한테도 말하지 말라 카신답니더. 아버님한테는 말을 하신 것 같다꼬 하는데 아버님도 아직 우예한다는 말씀은 없으시니 속을 알 수가 없꼬요, 함창댁은 그때 친정에서 갖고 온 약을 다시 구해서 먹어야 안되겠냐꼬 새어무이한테 캤다 카는데 새어무이는 절대 약을 안 드신다꼬 고집을 부린답니더. 그리고 자기 앞에서 말도 몬 꺼내구로 화를 내가아 함창댁도 어쩌지 몬 하고 있다가 저번에 완복이 도련님이 새어무이가 쓰러지는 꼴을 결국 보고 말았다 아입니꺼. 가마 끌고 가던 종놈들도 봤으이 이 동네에도 소문 벌써 다 퍼졌을 끼라요."

　그 말을 들으이, 노상추는 절로 한숨이 나왔다. 새어머니가 이 집에 처음 왔을 때 절세미인이라고 입에 침이 마르도록 칭찬했던 동네 사람들이었다. 그들이 우리 집을 향해 뭐라고 할까. 젊고 예쁜 여자라고 좋아라 장가가더니 꼴좋다고 할 게 아닌가.

"약을 와 안 드실라 카는 데예?"

"그거사 제가 우예 알겠십니꺼? 함창댁이 카는데 발작이 일어나는 걸 막는 약이랍니더."

새어머니께서 왜 약을 안 드시겠다고 하는 걸까? 설마 약값이 비싸서 그런 건 아니겠지. 아버지도 약값을 아낄 분이 아닌데 왜 안 드신다고 하는 거지? 약이 독해서 그런 걸까? 이래 죽으나 저래 죽으나 마찬가지라 생각하는 걸까? 그럼 난 뭘 어떻게 해야 하는 거지? 여러 가지 생각이 뒤엉켜 어찌해야 할지 고민하고 있을 때 형수가 말했다.

"함창댁이 카는데 약이 효험은 있답니더. 눈 뒤집어지고 넘어가다가도 약을 먹으면 금방 제정신으로 돌아온다 합니더. 마, 약이라도 드시게 해야 안 되겠십니꺼?"

노상추는 지금 자기가 나서서 어머니의 생명을 살릴 수 있는 것도 아니고 본인이 말하고 싶지 않은데 노상추가 먼저 약을 드시라 말라 했다가는 새어머니 마음만 상하게 하는 꼴이 될 게 뻔하니 가만있을 수밖에 없다고 생각했다. 이 문제는 새어머니와 아버지께서 결정하시도록 하고 새어머니께서 원하시는 대로 하게 해야 한다. 달리 해줄 수 있는 게 없다면 서로 선을 넘지 않는 게 최선이다.

"안 드신다 카는데 무슨 수로 드시게 하겠십니꺼? 그라고 새어머니가 저렇게 가만 계시는데 우리가 나서서 약 드시라 칼 수도 없는 일 아입니꺼? 완복이한테 때가 되면 직접 말씀하시겠다 캤으이 마 조만간 본인 입으로 말씀하시겠지요. 그때까지는 기다려보입시더. 함창댁한테는 새어머니께서 시키시는 대로 하라 하이소. 아버지도 생각이 있으실 테이 우리는 기다려 보입시더. 두 분이 결정하실 일이지 우리가 먼저 입 밖에 낼 일은 아입니더. 형수도 아는 체하지 마이소."

노상추의 말에 형수가 고개를 끄덕였다.

"효명이랑 완복이 느그들도 아버지나 새어무이께서 먼저 이야기를 꺼내시기 전까지는 이 문제에 대해 절대 입 밖에 내지 말그래이. 알겠나?"

완복이는 고개를 끄덕였지만 효명이는 넋이 나간 표정으로 아무 말이 없었다. 한숨만 땅이 꺼질 듯 쉬며 말했다.

"참말로 조상님 묘를 잘못 썼는가, 우리 집이 와 이라노."

노상추는 이야기가 끝나고 사랑채 옆방에 가 누워버렸다. 앞으로 닥칠 일을 생각하니 기가 막혔다. 자기가 이런데 아버지는 얼마나 괴로우실까. 아버지는 고모부, 척숙 어른들과 고래고래 소리를 지르며 그 천하의 돌쌍놈 농사꾼 놈을 어떻게 처단하실지 밤새 토론을 벌이시다 사랑채에서 고모부와 함께 주무셨다. 그다음 날 이른 아침을 드신 후 고모부와 척숙 어른들은 관아로 달려가셨다.

"자, 우리도 이제 갈란다."

아버지는 덕돌이에게 신기 집으로 갈 채비를 하라고 하셨고 덕돌이와 검쇠는 가마를 준비했다. 어머니는 딸과 손자를 안아주시고 쓰다듬어 주신 후 유모에게 아이들을 잘 보라고 신신당부하셨다. 완복이와 형수, 효명이는 굳은 얼굴로 새어머니를 바라봤다.

"야들아, 아침부터 표정이 와 그래 굳어 있노? 웃는 얼굴에 복이 온다 안 하나. 부모님을 뵐 때에는 온화하고 밝은 표정을 지으라꼬 소학에 안 써놨드나. 모두 공부 열심히 하그래이."

"예."

술증이와 희증이가 의젓하게 대답하자 새어머니는 두 손자의 볼을 쓰다듬어 주시며 활짝 웃었다. 그리고 활기차게 가마에 오르셨다. 함창댁이 무표정한 얼굴로 가마의 문을 내렸다. 가마에서 새어머니가 말씀하셨다.

"됐십니더. 이제 출발하이소."

아버지도 환한 얼굴로 인사를 하셨다.

"상추야, 고모부 하시는 일 잘 도와드리래이."
"예, 걱정 마이소."
"가자!"

아버지는 늠름하게 말을 몰고 집을 나서셨다. 겉모습만 보면 말을 타고 노비들을 거느리고 곱고 젊은 처를 가마에 태워 새집으로 행차하는 아버지가 부럽다고 할 것이다. 겉으로만 보면 저리도 아름답고 행복한데 속은 왜 썩어 문드러지고 있는가. 이 광경은 행복을 위장한 체면치레인가, 과시이고 기만인가? 이게 다 무슨 의미가 있는 건가? 아버지는 왜 파국으로 치닫고 있는 현실을 부인하고 소꿉놀이에 몰두하고 있는 걸까? 아버지의 행차는 점점 집에서 멀어져갔다. 노상추는 대문 앞에서 멀어져가는 아버지와 어머니 가마를 보면서 마음속으로 소리치며 울었다.

'아부지요, 이게 뭡니꺼? 와 끝내 한마디 말씀도 안 하시고 가시는 깁니꺼? 혼자만 행복한 척하면 되는 깁니꺼? 오늘만 행복하면 된다 이 깁니꺼? 아부지, 말씀해 보이소! 한마디라도 말을 해 주시고 가시야 할 것 아입니꺼? 아부지! 아부지!'

고모부와 척숙 어른들은 그 후 며칠 동안 노상추의 집에 머무르며 송사를 이어갔다. 외사촌 조석종도 노상추의 집을 찾았는데 복시를 보러 한양으로 가는 길이라고 했다. 노상추는 석종과 함께 점심을 먹으면서 이야기를 나눴다.

"석종아, 용하다. 초시도 붙고 이제 복시만 붙으면 되겠네."
"복시는 조선 팔도에서 글깨나 한다는 놈들만 모아놓고 보는 시험이라 더 붙기 어렵지요. 시험 문제도 더 어렵고."
"공부는 혼자 했나?"
"주로 혼자 했고요, 서원에 들어가서 여럿이서 한 달 씩 해 봤는데 강론 연습을 하는 기이 좋았십니더."

"어느 서원에 들어갔드노?"

"도산 서원이 최고라 캐서 거기로 들어갔었지요. 초시 붙은 다음에 가이까네 그냥 들어오라 카데요."

"허기사 도산 서원이 예나 지금이나 공부 제일 잘하는 선비들이 모이기로 유명한 곳 아이드나. 거기서 그래 복시 준비는 마이 했나?"

"도산 서원은 과거 공부를 한다기보다는 마 학문을 닦고 수양을 하는 곳이라가아 공부는 마이 했는데 과거에 도움이 마이 될지는 모르겠십니더."

"학문을 높이 닦다 보면 저절로 과거는 합격하지 않겠나."

"하하 뭐 그건 그렇지요,"

석종은 점심을 먹은 후 과거길에 나섰다. 노상추는 석종을 동네 정자나무까지 바래다 주고 행운을 빌어주었다. 석종이 멀리 걸어가는 모습이 마치 자기의 모습처럼 느껴졌다. 이제 노상추도 저 길에 오를 날이 다가오고 있다.

"그래. 내게도 다가오고 있다. 다가오고 있어."

노상추는 그렇게 말하며 집으로 돌아오는데 눈이 오기 시작했다. 11월 1일이 되자 날씨가 많이 추워졌고 진눈깨비 같은 것이 내리더니 그 다음 날에는 함박눈이 내려 온 천지가 눈으로 뒤덮였다. 고모부와 척숙어른들은 길면 십 년도 간다는 산송에서 승리를 거뒀다. 그 벼락맞아 죽을 농사꾼이 어머니 묫자리를 파내겠다고 울면서 다짐했고 도장을 찍었다. 고모부와 척숙 어른들은 판결이 나자마자 노상추의 집에 돌아오지도 않으시고 바로 집으로 돌아가셨다.

11월 28일은 처의 소상[1]날이다. 처를 보낸 지 꼭 일 년이 지났다. 일 년이지만 십 년이나 백 년은 지난 것처럼 많은 일이 있었다. 처의 소상

---

1) 소상: 사망 후 1년이 지난 날에 지내는 제사.

에는 친척들과 동네 사람들이 와주었고 처가댁에서는 장인의 종이 와서 하룻밤 묵으며 처가 안부를 전해주었다. 노상추는 처의 소상에 처가에서 아무도 발걸음을 하지 않은 것에 대해 서운했다. 아무리 출가외인이라 하더라도 소상에 피붙이가 와주었다면 처도 하늘에서 반갑지 않았을까. 12월이 되니 지난해 얼어붙은 땅을 파고 아내를 묻은 생각으로 마음이 더욱 아팠다. 작년처럼 올해에도 매서운 바람 속에 온 세상이 얼어붙었다. 노상추는 책을 읽으며 공부에 매진했지만, 행여 대문에 사람 기척이 나기라도 하면 가슴이 덜컥덜컥 내려앉았다. 12월 15일 신기에서 온 사람이 아버지께서 빨리 오라고 하신다는 전갈을 주었고 노상추는 완복이와 덕돌이를 데리고 급히 신기로 갔다.

신기 집에 도착하니 부엌에서 함창댁이 튀어나왔다.

"도련님 오싰습니꺼! 한참 기다렸십니더."

"새어머니는 어떠신가?"

"어제 저녁 답에 한 번 쓰러지시고 깨어나시긴 했는데 오늘은 일어나시지를 몬하네예."

"의원을 불러야지."

"애기씨 병환은 이 동네 의원들은 잘 모릅니더. 그래가아 주인마님께서 지금 용한 의원을 찾고 계십니더."

"왜 진작 하지 않았나?"

"주인마님께 함 물어보이소. 지는 마 모리겠심더."

아버지께서 문을 열고 나오셨다.

"어무이는 지금 잠 들었다. 건넌방으로 가자."

아버지는 완복이와 노상추를 데리고 건넌방으로 갔다. 아버지는 어머니가 깨실까 봐 조용조용 말씀하셨다.

"지금 내가 월암에 사는 권 의원한테 여기로 빨리 오라꼬 전갈을 보냈다꼬. 아마 곧 올 끼이다. 완복이 니는 지금 동구 밖에 의원 오는지 마중 나가 보고 상추 니는 여기 머물면서 내 심부름 좀 해라."

"아부지, 새어무이 친정에 사람을 보내야 안 되능교? 아버지 장인어른이 좀 와주셔서 약 짓는 것도 도와주시고 새어무이 옆에 계시 주시면 안 좋겠능교?"

노상추의 말에 아버지는 표정이 어두워졌다.

"그야, 글치."

"그라믄 마 덕돌이를 장곡에 보내가아 이 생원 어른께 와달라고 부탁을 하입시더."

아버지는 뭔가 마뜩잖지만 어쩔 수 없다는 듯 고개를 끄덕이셨다.

"그래, 그래."

노상추는 덕돌이에게 장곡에 가서 새어머니의 아버지, 이 생원 어른께 새어머니 병환에 대해 말씀드리고 모시고 오라고 보냈다. 덕돌이가 잰걸음으로 집을 나섰다. 얼마 지나지 않아 완복이가 권 의원을 모시고 왔다. 노상추는 권 의원과 함께 안방으로 들어갔다. 권 의원은 눈을 감고 한참 동안 어머니의 진맥을 짚었다. 어머니의 손목을 놓고도 권 의원은 한참 동안 말이 없었다. 새어머니는 눈을 뜨고 힘없이 물었다.

"의원님, 혹시……."

"예, 말씀하이소."

"혹시라도 태기가 있능기 아일까요?"

"아입니더."

단호하게 아니라는 의원의 말에 새어머니는 고개를 끄덕이더니 눈물을 흘렸다.

"와 우노? 우지 마라."

아버지께서 말씀하셨다.

"기가 마이 허하십니더. 기를 보충하는 약제를 지어드리겠으니 잘 드시고 무리하지 마시고 몸조리 잘 하이소. 집안일이나 다른 일에 신경 쓰지 마시고 안정을 취하이소."

권 의원은 처방을 써주고 갔다. 아버지는 어머니에게서 한시도 떨어지지 않으시고 곁을 지키셨다. 새어머니는 누워서 계속 우셨다.

"의원 부르지 마소. 다 소용없습니더. 내가 의원에게 물어보고 싶은 거는 마 태기가 있는지 아닌지였습니더."

"지금 아아가 들어서면 클 난다. 병이 나아야지,"

"제 병은 나을 병이 아입니더. 죽을 때 죽더라도 아아를 배태라도 함 해보고 죽고 싶습니더."

"시끄럽다. 죽기는 와 죽노! 그란 소리 입 밖에 내지 마라."

아버지는 울음이 섞인 목소리로 말하시며 애간장이 끊어지는 듯한 표정으로 내려다보셨다. 허리가 아프신데 도대체 몇 날 며칠 밤낮으로 이렇게 어머니를 간호한 것인가. 아버지는 이제 일어나고 앉을 때에도 심하게 비틀거리시더니 아예 어머니 옆에 누워버리셨다. 노상추는 얼른 아버지의 자리를 펴 드렸다. 노상추가 이제 어머니와 아버지의 간호를 맡았다. 노상추는 함창댁을 불러 집에 있는 효명이도 올라오라고 전하라 했다. 아버지는 피곤하셨는지 코를 골기 시작하셨다. 노상추는 누워 있는 두 사람을 바라보며 마음이 착잡했다. 새어머니가 눈을 뜨고 노상추에게 말했다.

"흥복아."

"예."

"내가 니한테는 참말로 미안테이. 니 내 때문에 마음고생 많았다."

"아입니더. 지가 무신 마음고생을 했겠십니꺼?"

"아이다. 낸 다 안다. 니가 내 약 새로 지어 온 것도 알고 한약사에게 바가지 쓴 것도 다 안다."

노상추는 깜짝 놀랐다. 형수가 말한 건가?

"예? 그기이 무슨 말씀이십니꺼?"

"니가 이 주변에 한약방에 가가아 내 약을 지어온 거 내가 모를 중 아나. 약에도 다 맛이라는 기이 있다. 우리 며느리는 약 달일 줄을 몰라 가아 귀한 약을 다 쫄아 붙이든지 멀겋게 덜 달이 가아 약효도 하나도 없게 맹글더라. 그때 함창댁이 다치가아 약을 몬 달일 때다 아이가. 그란데에 갑자기 약 맛이 완전히 바뀌더라. 그래서 알았지. 니가 약방에 가서 다시 사 왔구나."

"약이 바뀐지 맛만 보고 다 아능교?"

"하모. 내가 평생 먹은 약인데 맛도 구분 몬 하겠나. 내는 냄새나 맛에 예민하다. 아파본 사람은 다 알제. 건강한 사람은 몰라도 아픈 사람은 다 안다. 내 입에 뭐가 들어가는지 하나하나 다 안다. 그 약은 우리 친정아버지께서 아는 약방을 통해서 귀하게 구한 기이다. 니가 구하기 힘들었을 꺼로."

"한약사에게 바가지 쓴 건 우예 알았능교?"

"한약이 바뀐 후에 니가 쌀을 안 팔았드나. 쌀 파는 것 보고 이십 냥도 넘게 줬구나 하고 짐작을 했지. 한 열흘인가 후에 파는 것 보고 니가 그동안 꽤 고민하고 마음고생을 마이 했겠구나 싶었다."

"그라믄 그 약이 이십 냥을 주고 산 게 속은 깁니꺼?"

"속은 건 아이지만도 이십 냥은 너무 비싸게 주고 샀다. 아는 사람 통해서 사면 열 냥쯤 할끼다."

"사실은 삼십 냥 주고 샀습니더."

"그라믄 진짜 속은 기이다. 흐흐흐."

역시 새어머니는 영민한 사람이다. 새어머니는 노상추의 마음을 속속들이 들여다보고 있었다. 건강한 남자로 태어났더라면 조선 팔도를 호령하고도 남았을 것이다.

"와 약을 더 안 드셨습니꺼? 사 오라고 하셨으면 사 왔을 텐데요."

"그 약은 독한 약이다. 그런 약을 묵는데 아가 들어서겠나. 그래서 친정에서 가져온 약을 다 먹은 후에는 약을 완전히 끊고 약기운이 몸에서 다 빠져나가게 했지. 그리고 아아가 들어서게 해달라꼬 천지신명께 기도 올리며 기다렸다."

"아아가 중요합니꺼? 살고 봐야지예."

"난 어릴 때부터 살아도 사는 기이 아이였다. 곧 죽는다 곧 죽는다 하미 사는 기이 사는 기가. 그란데 희한하게도 죽을 고비를 몇 번을 넘기고 살아날 때마다 더 살고 싶더라. 죽는 기이 원통하고 원통하다. 내는 하루라도 더 살고 싶었다. 여자로 태어났으이까네 시집도 가보고 싶고 아아도 낳아보고 싶고 남편한테 사랑도 받고 싶었다. 내는 살고 싶었니라."

새어머니의 눈에서 뜨거운 눈물이 흘렀다.

"다들 내보고 열 살을 못 넘긴다 캤는데 봐라, 이만큼 안 살았나. 내가 친정아부지한테 시집보내달라 캤다. 내도 남편한테 사랑받고 자식 키우면서 살고 싶다꼬. 그기이 하루든 이틀이든 상관없다꼬 말이다. 아부지는 처음엔 안된다 카시고 나를 타이르라 카시더라. 내가 떼를 쓰고 이래 죽나 저래 죽나 머가 다릅니꺼 하고 대드이까네 나중에는 몬 이기시고 알았다 카시더라. 상추야, 니 아부지 말고삐 쥐고 우리 집에 들어왔던 거 기억 나제? 내가 그때 니를 보고 마음이 마이 아팠다. 시집 가면 내가 잘해야지 하고 얼마나 다짐했는지 모린다. 내 시집와서 참말로 행복했데이. 아부지 사랑도 받고 니 겉은 훌륭한 장남도 있고 완복이, 효명이도 있고 며느리도 있고 술증이, 희증이에 젖먹이 딸도 있고 손자꺼정 안 있나. 내 시집 안 왔시면 친정집 골방에서 책만 읽다가 외롭게 안 죽었겠나. 마, 내는 그래 살다가 죽기는 싫었다. 나도 행복해지고 싶었다. 느그 아부지가 날 이래 아껴주시고 며느리가 내를 시어머니라고 카고 손자들이 내를 할머니라 카는데 참말로 좋더라. 한 번 태어났으이 죽는 건 정한 이치고 명이 짧은 건 내 운명이다. 그래도 내사 마 죽기 전에 아아는 한번 낳아보고 싶고 내 손으로 안아보고 싶었다. 그기 내 소원이었던 기다. 그 소원까지는 몬 이뤘지만 내가 우리 딸이랑 손자 실컷 안아봤다 아이가. 우리 꽃분이랑 밤톨이 실컷 안아보고 키워봐서 여한은 없다. 아이들이랑 더 있고 싶은 데에 내가 자꾸 정신을 꺼벅꺼벅 잃어서 아이들 위에 엎어지면 우야노 걱정도 되고 아이들 놀래키기도 싫어가아 그냥 이 집으로 왔다."

노상추의 집에서 새어머니는 하인들을 호령하고 자기보다 나이 많은 며느리의 기를 단번에 꺾은 대단한 여인이었지만 사실은 죽음의 공포가 가득한 골방에서 남은 날을 어떻게 살아야 할지 모색했던 불쌍한 소녀였다. 어린 소녀는 골방에서 죽는 대신 환한 세상으로 나와 마음껏 살아보기로 결심했다. 그래서 노상추의 집으로 온 것이다.

"상추야, 내는 죽어도 이 집 귀신이다. 저승에 가면 큰형님, 작은형님이랑 같이 니랑 완복이 과거에 합격해서 입신양명하도록 도와줄 끼구마. 꿈을 가지고 전심을 다 해 노력하고 살아라. 니가 잘 되모 내가 저승에서 형님한테 칭찬 안 듣겠나."

다음 날 새어머니 친정에 보냈던 덕돌이는 혼자 신기 집으로 돌아왔다. 이 생원 어른은 왜 안 모시고 왔냐고 물었더니 덕돌이는 더벅머리를 벅벅 긁으며 난처해하다가 띄엄띄엄 말했다.

"그기이요, 제가 갔더이 마 그 집 머슴이 나와 가아 지보고 밖에서 기다리라 카더라꼬요. 얼마 있다가 그 머슴이 다시 나와가아 하는 말이 집주인께서는 출타하시고 안 계시니 그리 알고 가라 카데요."

노상추가 어이가 없어서 되물었다.

"뭐라꼬? 니가 온 이유를 다 말해도 그라드나?"

덕돌이는 더욱 난처해하며 말했다.

"제가 꼭 모시 가야 한다꼬 다시 카이깨네 그 머슴이 화를 내면서 지보고 등신 겉이 말도 몬 알아듣냐 카는 거라요. 그라더이 제게 귓속말로 이 집 첫째 딸이 지금 경주에 세도 높으신 안동 김씨 댁과 혼인을 앞두고 있는 데에 흉한 소식에 마가 낀다꼬 가라 카데예. 지를 만날라 카지도 안한다 캅디더."

새어머니는 병으로 누우신 지 보름이 좀 넘어 병술년 1월 7일에 돌아가셨다. 백약이 무효했다. 아버지는 어머니의 병환이 깊어가는 것과 함께 허리 병이 심해져 거동하지 못하시고 옆에 누워 계셨다. 어머니께서 숨을 거두셨을 때에도 옆에 누워서 천장만 바라보며 큰 소리로 아이처럼 우셨다. 함창댁은 새어머니께서 살아계셨을 때 손수 만들어 둔 수의를 꺼냈고 형수는 그 수의를 받아 들고 눈물을 쏟아내며 말했다.

"미인은 박명하다더니……."

형수는 직접 시어머니에게 수의를 입혀주었고 시신을 관에 넣었다. 아버지는 움직이실 수가 없어서 장례가 치러지지는 내내 누워계셨다. 그리고 관이 방을 빠져나갈 때는 온 집이 쩌렁쩌렁하도록 소리치셨다.

"여 냅둬라. 끌고 나가지 마라. 땅에 묻으모 안된다아. 얼음 겉은 땅에 자를 우예 묻겠노오. 으어어어어, 으어어엉."

눈 때문에 새어머니의 관을 운구하여 내려오지 못하고 눈이 그치길 기다려 그다음 날 운구하여 본집으로 향했다. 새어머니의 관이 동네 정자나무 앞에 들어설 무렵 혼례식에 왔던 동네 사람들이 모두 몰려나와 눈물을 흘렸다.

"그키 곱더이만 우째 이리 가겠노, 엉엉!"

"젊디젊은 마님이……. 우야노!"

"불쌍타, 불쌍타! 혼례 올린 지 일 년 만에 이기 무신 일이고……."

"도련님이 불쌍해서 우짜노……."

노상추가 이끌고 가던 운구 행렬 뒤로 동네 여인들이 따라오며 곡을 했다. 여인들의 곡소리에 동네가 떠나갈 듯했다. 죽음을 앞두고도 혼인을 감행한 발칙한 새어머니를 위해 동네 사람들은 열렬하게 울었다.

새어머니의 빈소를 본집에 차린 후 성복했다. 새어머니의 장례에는 친척들과 동네 사람들이 모두 몰려와 북적북적했다. 노상추는 아버지께서 신기 집에 누워계시고 어머님 빈소는 본가 집에 있어 왔다 갔다 하느라 정신이 하나도 없었다. 노상추는 추운 1월 선산의 골짜기를 다니며 새어머니 묘소 쓸 자리를 물색하다가 아내가 묻힌 곳 왼편에 있는 골짜기로 정했고 2월 24일 파빈하고 상여를 매고 장지로 가서 하관하고 봉분을 만들었다. 제사를 마치고 반혼하여 신주를 모시고 집으로 돌아올 준비를 하는데 새어머니의 봉분 옆에 쪼그리고 있는 형수가 보였다. 형수는 마치 잠자는 아이를 덮은 이불을 다독이듯 봉분의 흙을 손으로 다독이며 말했다.

"불쌍한 우리 어무이, 다음 생에는 미인으로 태어나지도 마시고 재사로도 태어나지 마소. 다음 생애에는 천수를 누리고 사소. 다음 생에 또 만나면 제가 약 잘 달여 드릴끼요."

6. 큰 배움

1767년 · 병술년 · 영조 43년 · 21세

　새어머니 장례를 치르고 이제는 더 마음 아플 일이 없기를 그토록 바랐지만 하늘이 노상추에게 내린 시련은 그것이 끝이 아니었다. 정초에 새어머니를 묻고 나서 얼마 되지 않아 5월에 여동생이 세상을 떠났다. 아버지는 연이은 불행에 이제 마음에도 굳은살이 박였을 것 같지만 젖먹이 막내딸의 죽음 앞에 더욱 슬퍼했다. 8월에는 노상추의 아들이 이질로 고생하다가 목숨을 잃었다. 자식을 얻은 기쁨을 채 이 년도 누리지 못했다. 그 아픔은 세상의 어떤 말로도 표현할 수가 없었다. 부모는 죽으면 청산에 묻지만 자식은 죽으면 가슴에 묻는다더니 노상추는 첫 아이를 자기 손으로 땅에 묻으면서 아이 대신 내가 묻힐 수 있다면 얼마나 좋을까 생각했다. 태어나면서 어머니를 잃은 불쌍한 아이들이었다. 어머니와 아내가 살아있었다면 그렇게 아이들이 허무하게 죽었을까. 말 못 하는 아기들이 어머니의 따뜻한 품과 살뜰한 손길을 얼마나 찾았을까 생각하면 슬픔이 북받쳐 올랐다. 그래도 다행이었던 것은 막내 여동생과 아들이 마지막 가는 길에 새어머니가 만들어 놓으신 아름다운 돌복을 입고 새어머니가 수놓은 강보에 싸여 떠났다는 것이다. 새어머니께서 온 정성을 쏟아 지으신 옷을 입고 갔으니 이 아이들도 세상에 태어나 어머니의 사랑을 받은 것이다. 그렇게 생각하니 새어머니께서 우리 집으로 와주신 것이 천지신명이 내린 복이라는 걸 깨달았다. 생전에 새어머니께 불손한 마음을 가졌고 자식으로서 효도를 다 하지 못한 것이 뼈가 아프도록 미안했다. 노상추는 아버지와 함께 모진 슬픔을 겪었다. 아버지가 우실 때는 노상추가 옆에 서 있었고 노상추가 울 때는 아버지가 옆에 있었다.

어머니와 아내가 떠나고 새어머니와 젖먹이들도 떠난 후 집안은 한여름에도 썰렁했다. 아버지는 신기 집이나 성곡에 있는 새로 지은 서실에 주로 계셨고 노상추와 두 동생, 형수와 조카 둘이 집을 지켰다. 집안 살림을 틀어쥐고 기강을 바로잡는 안주인이 없어서 그런지 노비들이 게을러져갔다. 어머니께서 가꾸시던 채마밭에 잡초가 무성하게 자라 있었고 물을 제때 주지 않아 말라비틀어져 가고 있었다. 고춧대는 지난번 비바람이 불었을 때 쓰러진 채 그대로 있었다. 노상추는 화가 머리끝까지 나서 여종들을 모두 불러 야단을 쳤다.

"여기 채마밭이 이기 머꼬? 잡초 무성한 거 눈에 안 보이나? 콩이고 호박이고 고추고 다 말리비틀어져 간다. 이라이 밥상에 먹을 기이 없다 아이가!"

여종들은 모두 머리는 조아리고 있지만 입을 삐죽삐죽하는 것이 보였다. 뭘 그리 좀스럽게 구냐는 식이었다. 위단이가 말했다.

"요즘은 면화밭이랑 뒷산 아래 콩밭에 김매느라 채마밭까지는 할 수가 없었구마요."

노상추는 위단이의 말대꾸에 더 화가 났다.

"머라꼬? 니 면화밭 김매러 간다 캐놓고 행랑채에 들어가 낮잠 자는 거 내가 모를 중 아나! 위단이 니 한 번만 더 내한테 게으름 피우다 걸

리모 장 50대다. 알았나! 그라고 느그들 요즘 상전이 우리 형수님 밖에 없다꼬 맹탕 늘어져 있는데 지금 농번기라 바쁘다꼬 집안일 게을리하면 다들 경을 칠테니 그리 알아라! 알았나?"

"야!"

"위단이 니 이 채마밭 오늘 내로 니가 다 김매놓고 물주고 고춧대 다시 세워놔라. 알았나!"

"야!"

노상추는 안채로 가 형수를 불렀다.

"형수님, 형수님! 드릴 말씀이 있습니더."

형수는 건넌방에서 나오면서 말했다.

"무슨 일이신데예?"

"여종들이 요즘 농번기라 바쁜 건 아는데 그렇다고 집안일을 소홀히 하면 되겠습니꺼? 지금 같은 때에 종들의 기강을 바로 세워야 합니더. 형수가 여종들 단도리를 단단히 해주소. 이것들이 이젠 상전한테도 말대꾸를 하질 않나, 게으름을 피우질 않나! 채마밭이 엉망진창이라 안합니꺼?"

노상추가 쏘아붙이자 형수는 미안하다고 하며 여종들에게 단단히 이르겠다고 했다. 하지만 노상추는 형수를 믿을 수가 없었다. 어머니는 살아계실 때 한시도 쉬지 않으셨다. 어머니는 친히 호미를 들고 항상 채마밭을 가꾸셨다. 밥상에는 항상 싱싱한 나물과 채소가 넘쳐났고 채마밭은 가지, 호박, 고추, 오이, 상추, 배추 같은 온갖 작물들로 언제나 풍성했다. 하지만 어머니가 안 계시니 채마밭에 채소들도 흐느적대고 밥상 위에 오르는 반찬도 먹을 것이 없었다. 이 모든 게 여종들 탓이기도 했지만 집안 살림을 틀어쥐고 열심히 하는 안주인이 없기 때문이었다. 노상추는 형수가 좀 열심히 해줬으면 하는데 형수는 워낙 물에 물 탄 듯 술에 술 탄 듯했다.

"술증이랑 희증이는 아침에 제가 하라칸 거 다 했십니꺼?"

노상추는 젖먹이 아기들을 보낸 후 술증이와 희증이의 공부를 손수 가르치기 시작했다. 노상추는 형님 대신 형님보다 더 엄한 아버지가 되어 두 조카를 과거 공부에 매진하게 해야겠다 마음먹은 터였다. 어릴 적부터 매일 매일 열심히 글공부를 시키면 이십대에 초시 정도는 합격할 수 있다. 노상추는 두 어린 조카들이 잘되어야 이 집안이 흥한다 생각하여 자기가 공부하는 틈틈이 아이들 공부도 봐주고 있었다. 하지만 두 놈이 워낙 개구쟁이라 도무지 공부하지 않으려고 발버둥을 쳐서 여간 힘든 게 아니었다. 13살 술증이는 오늘 아침에 대학 제 1장 명명덕 편을 열 번 읽으라고 했었고 희증이에게는 천자문 책 중에서 한 자 10자를 열 번씩 쓰게 했다. 형수는 머뭇머뭇하더니 노상추의 눈치를 보며 말했다.

"술증이는 마이 했는데 희증이는 쪼매 놀다가 점심 먹고 한다카미 동네 아아들한테 놀러 갔심더."

노상추는 또 화가 났다. 술증이는 대학 1장을 벌써 한 달이 다 되어가도록 외우라고 해도 외우지 않아 며칠 전에는 회초리로 열 대나 맞았다. 그래도 무슨 심사인지 외워보라고 하면 내일 외우겠다고 태연히 말해 노상추의 화를 돋웠다. 희증은 대놓고 공부하기 싫다며 천자문 책만 펴기만 해도 울어대서 미칠 지경이었다. 우리 가문이 어떻게 되려고 조카들이 이 모양인가?

"형수님, 아아가 놀러 간다 카면 머라 카고 공부를 하게 하시야지요. 눈 뻔히 뜨고 잘 놀다 오라 카셨습니꺼?"

노상추가 약이 올라 말했다. 형수는 태연히 말했다.

"아직 일곱 살밖에 안됐다 아입니꺼. 아무리 말을 해도 마 떼를 쓰이까네 지도 몬 이기겠더라꼬요."

형수의 물에 물 탄 듯한 성격을 영악한 두 조카가 알고 노상추 앞에서는 하는 척하지만 노상추의 눈만 돌아가면 책은 던져버리고 놀러 가는 것이었다. 조카들에게도 화가 나지만 형수에게 더 화가 났다. 맹모삼천지교라 하지 않았나. 두 아이 교육은 본인이 나서서 해도 모자랄 판에 왜 강 건너 불구경하는 식인지 모르겠다. 노상추는 형수를 더 이상 몰아세울 힘도 없어 그만 입을 다물었다.

"알겠심더. 아이들 들어오면 사랑채로 보내시소."

노상추는 대청마루로 올라가 멀리 논과 밭에서 머슴들이 일을 하고 있는지 둘러보았다. 마루에서 다 보이는 건 아니었지만 그래도 멀리 머슴 몇 놈이 일하는 것이 보였다. 노상추는 속으로 아침에 말대꾸를 한 위단이에게 본때를 보여주겠다고 결심하고 있었다. 노상추는 계단이가 올린 점심을 먹고 난 후 대학 책을 펴고 외웠다. 스무 살 먹은 숙부도 공자님 말씀을 외우는데 열 살 먹은 조카가 무엄하게 공부를 하지 않다니 이런 고얀! 책을 읽고 있는데 밖에서 아버지 기척이 나서 뛰어나갔다. 아버지께서 오셨는데 뒤로 누가 눈치를 슬금슬금 보며 들어오길래 누군가 하고 봤더니 바로 노수라는 놈이었다. 노수의 얼굴을 보기만 해도 노상추는 얼굴이 굳어졌다. 아버지는 노상추의 얼굴을 보시더니 빙긋 웃고 아무렇지도 않은 척하셨다.

"상추야, 대문 앞에서 만났다. 술상 봐 오라 캐라."

형수가 부리나케 부엌으로 달려가 부침개를 지져서 술상을 차려 초당채로 가져왔다. 노상추는 아버지 옆에서 굳은 얼굴로 앉아 있었다. 노수는 아버지 앞에 무릎을 꿇고 앉아 닭똥 같은 눈물을 뚝뚝 흘렸다.

"으흐흑, 나으리, 지가 이래 방에 들어와도 되겠십니꺼, 흑흑."

노상추가 형수에게 술상을 받은 후 아버지 앞에 놓았다. 아버지는 노수에게 한 잔 따라주었다. 노수는 술잔을 받더니 감격해서 엉엉 울었다.

"나으리, 고맙심더. 이 은혜를 뭘로 다 갚겠십니꺼!"

아버지는 무표정하게 말씀하셨다.

"마시라. 말이 많다."

노수는 쭉 들이키고 또 울었다. 그리고 아버지께 술잔을 드리고 술을 올렸다. 아버지도 한 잔 드시고 부침개를 드셨다.

"상추야, 짧은 인생, 미워할 기이 머가 있고 화낼 기이 머가 있드노. 마, 다 잊아뿌리자."

아버지의 말씀에 노수는 더욱 크게 울었다.

"아이고 나으리, 고맙심더, 고맙심더. 지를 이래 인간 대접 해주시는 양반은 나으리 밖에 없심더. 엉엉."

"나으리는 무신 나으리고! 하던 대로 해라, 마."

"참말로? 옛날 맹키로 해도 되겠십니꺼?"

"그래. 편하게 앉고 편하게 말해라."

"고맙데이, 엉어엉."

노상추는 노수가 정말 싫었지만 아버지께서 말씀하신 터라 노수에게 지난번 일을 정중하게 사과했다. 그리고 두 분이 말씀하시도록 자리를 비켜드렸다. 사랑채로 가보니 술증이가 와 있었다.

"니 대학 1장 열 번 쓰라 했지? 다 썼나?"

"다 썼심더."

"그래, 그라믄 읽고 뜻을 말해보거라."

술증이가 읽었다.

"大學之道, 在明明德, 在親民, 在止於至善 (대학지도 재명명덕 재신민 재지어지선). 대학(大學)의 도(道)는 명덕(明德)을 밝힘에 있으며, 백성을 새롭게 함에 있으며, 지선(至善)에 머무르는 데에 있다."

"대학은 큰 배움이라는 뜻이다. 큰 배움에 이르는 첫 번째 길이 머꼬?"

"야?"

"큰 배움에 이르는 첫 번째 길은 어디 있다고 적혀있노?"

"그런 말은 책이 없는데요?"

"대학지도 다음이 머꼬?"

"대학지도 재명명덕, 재신민, 재지어지선입니더."

"그라이 그 뜻을 자세히 말해보라 이 말이다. 큰 배움의 길이 와 명명덕이라 카나?"

"대학(大學)의 도(道)는 명덕(明德)을 밝힘에 있으며, 백성을 새롭게 함에 있으며, 지선(至善)에 머무르는 데에 있다 입니더."

"자꾸 외울라꼬만 하지 마고 뜻을 생각하미 말해봐라. 대학지도가 와 명명덕에 있다 카나?"

"멍멍덕이 마……."

노상추는 술증이가 불쑥 뱉은 멍멍덕이라는 말에 화가 치밀어 올랐다.

"멍멍덕이 머꼬! 멍멍이가? 니 정신 똑바로 안 차리나?"

노상추는 탁자 아래에 두었던 회초리를 들어 술증이의 종아리를 대번에 세 차례나 때렸다. 술증이는 얼굴이 울그락푸르락해졌다. 눈 속에 숙부에 대한 반항심이 세게 빛나고 있었다. 노상추는 술증이를 노려봤다.

"니 이렇게 공부해 가아 언제 과거 시험을 보겠노? 으이? 우리 가문의 명운이 니 어깨에 달렸는데 마음 자세가 이래 흐리멍덩해가아 되겠나?"

"……."

"대답 안 하나? 되겠나, 안 되겠나?"

노상추가 바짝 열을 받아 술증이에게 소리를 치는데 밖에서 소리가 들렸다.

"나으리, 나으리!"

노상추가 회초리를 던지고 문을 열고 나가니 잇분이가 안절부절하고 있었다.

"무슨 일이냐?"

노상추가 화난 목소리로 물었다.

"암만캐도 위단이 요 망할 것이 마, 마."

"위단이는 채마밭에 김매라고 내가 일렀는데 와?"

"암만캐도 마 암만캐도 마."

"암만캐도 머?"

"암만캐도 도망간 것 같다 아입니꺼."

"머라꼬?"

노상추는 머리가 핑 돌았다. 말 안 듣고 게으름만 피우더니 이젠 도망까지?

"도망친 게 확실하나? 아니면 행랑채나 곳간 어디에 처박혀서 잠자고 있는 거 아이가? 집 안에 다 찾아봤나?"

"야, 찾아봤는데, 없고요. 위단이 방에 물건이 없어졌심더. 그년이 애지중지하던 참빗이랑 손거울이 없떠라꼬요."

"뭣이라!"

노상추는 피가 거꾸로 솟는 것 같았다.

"완복아, 완복아!"

완복이가 뛰어나왔다.

"무신 일잉교?"

"위단이가 도망을 친 것 같다. 형수랑 효명이 불러서 안채나 부엌에 사라진 물건이 없는지 살펴보라 캐라."

완복이가 안채로 뛰어갔다. 노상추는 잇분에게 논일 하러 나간 머슴들과 여종들을 모두 불러들이라고 했다. 초당으로 가니 노수가 벌개진 눈으로 나오고 있었다. 아버지는 초당 마루에 서서서 노수를 배웅하고 있었다.

"먼 일이고?"

아버지께서 상기된 얼굴로 뛰어온 노상추를 보고 말했다.

"위단이가 도망을 친 것 같습니더."

노수는 가죽신을 신으며 픽 웃었다.

"도망? 죽을라꼬 환장을 했고나. 마, 잘 있으래이. 내는 간다."

"잘 가그라."

아버지께서 말씀하셨다. 노수는 휙 돌아서 노상추를 보며 말했다.

"상추야, 걱정하지 말아라. 내가 노비 잡는 데는 도사다. 등신 겉은 종년 하나 몬 잡겠나. 내가 가면서 객주캉 나루터캉 다 말해놓을테이 너무 걱정 말그라. 지 발로 다 기이 들어온다. 사흘만 굶어 보래이. 눈이 뒤집히가아 잘몬했심더 하미 두 손이 발이 되도록 싹싹 빌지."

노수는 몸을 휘청이며 대문을 나섰다. 아버지는 위단이를 별로 걱정하는 것 같지 않았다. 노상추는 아버지를 따라 방으로 들어갔다.

"아부지, 위단이를 우얄까요?"

아버지께서는 피곤하신지 보료 위에 누우시고 눈을 감으며 말씀하셨다.

"우야기는? 잡아 와야지."

그때 완복이가 초당채로 들어왔다.

"마, 안채나 부엌에서 없어진 물건은 없심더. 위단이가 혼자 내뺐나 봅니더."

"채마밭에 김 매라 캤더니만 고거를 몬 하겠다꼬 도망을 가 뿌리다이, 잡히기만 잡혀봐라."

노상추가 분해하고 있을 때 밖에서 소리가 또 들렸다.

"나으리, 나으리!"

"또 머꼬?"

노상추가 벌떡 일어나 나갔다. 덕돌이가 눈치를 흘끔흘끔 보며 머뭇

머뭇 말했다.

"저기 치종이가 안 보입니더. 지는 강 웃논에 김매고 글마는 아랫 논에 김을 매기로 했는데예, 우데 갔는지 안보입니더. 점심 답에도 안 보이가아 밥도 안 쳐묵고 우델 갔노 했는데 마 하루해가 다 넘어갈 때꺼지 코빼기도 안 보이는 걸 보이 도망간 것 같심더."

기가 찼다. 집안 꼴이 말이 아니다. 공부를 내팽개치는 두 조카 놈들이나 집안일 내팽개치고 도망치는 종들이나 다 마찬가지다. 노상추는 분기탱천해서 두 주먹을 불끈 쥐었다. 농사일로 제일 바쁠 때 도망을 쳐서 주인을 골탕 먹이다니 이 두 년놈은 절대 용서할 수 없다. 그런데 도대체 이 상것들을 어디 가서 잡아 온단 말인가? 추쇄[2]꾼이라도 부를까?

"추쇄꾼까지 살 필요가 머 있노? 차라리 노수한테 잡아달라 캐라."

아버지는 건성건성 대답하셨다. 노상추는 아버지처럼 있어서는 안 되겠다고 생각했다. 노비들이 상전을 알기 우습게 알면 집안 망하는 것은 시간문제다. 몇 년 전에 어머님이 하셨던 말씀이 생각났다.

'시집오기 전에 외할아버지 옆집에 박씨 아저씨 댁이 있었다꼬. 그 아저씨는 사람이 좋아가아 노비들이 잘몬해도 그냥저냥 넘어가고 좋은 기이 좋지 했는데 새로 들인 머슴이 마 주인 아주머니 패물캉 아저씨 금괴캉 훔쳐서 달아나 뿌린 거라. 그래가아 관아에 고발을 하고 추쇄꾼을 사 가아 조선 팔도를 다 뒤졌는데에 끝내 몬 잡았다. 주인 아주머니는 그 일로 화병이 나가아 들아눕어 뿌리고 박씨 아저씨도 풍을 맞아가아 입이 돌아가고 팔이 돌아가고 마, 마, 말도 몬했다. 노비를 한번 잘못 들이모 집안이 쑥대밭이 된다.'

노상추는 주인의 명을 거스르고 달아나 버린 치종이와 위단이를 생

---

2) 추쇄(推刷): 도망간 노비를 잡아 원래 집으로 돌려보내는 일.

각하니 이가 갈렸다. 이대로 물렁하게 있다가는 남아있는 노비들마저 상전을 우습게 알 것이다. 노상추는 노비들을 사랑채 마당에 다 모이게 했다. 계단이, 옥단이, 잇분이가 부엌에 있다가 입을 삐죽이며 나왔고 논과 밭에서 일하고 있던 점발이, 덕돌이, 검쇠, 순업이, 손돌이도 무슨 일이냐며 들어와 눈알을 굴려댔다. 노상추는 추상같은 목소리로 소리쳤다.

"치종이와 위단이가 우데 있는지 느그들 알제?"

노비들은 일제히 고개를 내저으며 시치미를 떼었다.

"우데예!"

"모릅니더."

"지는 참말로 모릅니더."

"생사람 잡지 마이소."

노상추는 눈을 부라리며 말했다.

"계단이, 옥단이! 느그부터 대라. 위단이 우데 있노?"

계단이와 옥단이는 땅에 엎드려서 울며불며 말했다.

"지들은 모릅니더."

"위단이가 지 맘대로 도망친 깁니더."

노상추가 호령했다.

"계단이 니는 알 거 아이가? 평소에 언니, 동생 하고 지내던 위단이가 도망쳤을 때는 어디에 있을 줄 짐작은 할 거 아이가? 숨겨도 소용없데이. 살고 싶으면 대라. 내가 가만 있을 것 같나? 다리몽둥이가 부러져야 대겠나?"

노상추가 살벌하게 소리치자 계단이는 벌벌 떨며 말했다.

"위단이는 마 작년에 즈그 어매도 죽어 뿌릿심더. 찾아갈 데도 마땅히 없심더. 위단이는 지 발로 나간기이 아이라……."

계단이가 말을 하다 말고 멈칫했다. 머슴들이 모두 눈알을 굴리며 긴장하고 있었다. 노상추가 벼락같이 소리쳤다.
"지 발로 나간기 아이면 머꼬? 치종이랑 죽이 맞아가아 따라 나갔다 이기지!"
평소에 치종이와 위단이가 시시덕거리며 농을 치는 것을 보아온 노상추는 둘이 분명 같이 도망쳤다고 생각했다. 위단이는 계단이 말대로 애미가 작년에 죽은 후에는 천애 고아로 어디에 의지할 곳 없는 몸이었다. 치종이 놈이 위단이를 데리고 도망을 친 것이 분명하다. 치종이 놈은 본시 이 집에 팔려 올 때 마누라가 죽은 후였고 딸이 하나 있었는데 그 딸은 다른 집으로 팔려나갔다. 노상추는 남종들에게 벼락같이 소리쳤다.
"치종이 우데로 갔노? 바른대로 고하지 몬 하나!"
검쇠가 우물쭈물하며 말했다.
"그기이 치종이 그놈이 죽은 지 마누라 이야기를 곧잘 했심더. 지 마누라 무덤에 가야 된다는 말을 마이 했는데 위단이랑 함께 도망친 걸 보믄 마 거기도 갔을 것 같지 않고 마……."
"그놈 딸아이는 어디 있다 카드나?"
덕돌이가 말했다.
"치종이 딸은 김산 어디에 있다 카든데요."
그때 계단이가 톡 말했다.
"김산 은림골에 박 초시 댁 여종으로 있다 캅디더."
노상추는 계단이를 노려봤다. 계단이가 치종이의 딸이 어디 있는지 알고 있는 걸 보면 치종이와 모종의 관계가 있음이 분명했다. 노상추는 계단이를 노려봤다. 계단이는 얼른 머리를 땅이 숙이고 조아렸다. 치종이 이놈이 여종들을 죄다 집쩍거리고 다니는 게 분명했다. 치종이 이놈은 도저히 용서할 수가 없다. 잡히기만 하면 죽을 때까지 곤장을 쳐서 제 죄를 알게 해줄 것이다. 노상추는 분한 마음에 손톱에 피가 나도록 주먹을 세게 쥐었다. 노상추는 잠시 생각하고 난 후 말했다.

"느그 모두 단단히 들으래이. 치종이랑 위단이는 느그가 나가서 반드시 잡아 와야 한데이. 몬 잡으면 느그도 그것들이랑 똑같이 곤장을 맞을 줄 알아라. 손돌이랑 덕돌이는 나루터랑 객주, 주막에 달려가서 위단이랑 치종이가 도망쳤다꼬 알리고 보는 즉시 잡아다가 우리 집으로 넘겨주믄 누구든 내가 사례를 톡톡히 한다꼬 전해라. 나머지는 동네에 흩어져서 집집마다 찾아 댕기라. 느그들 치종이랑 위단이 사흘 내로 몬 잡아 오믄 하루에 곤장 열 대씩 잡을 때꺼정 맞을 줄 알아라. 알겠나!"

"그라믄 농사일은 우야능교?"

순업이가 볼멘소리로 물었다.

"우야기는 우예? 농사일은 아침 새북에 일어나서 하고 위단이랑 치종이 찾는 일은 낮에 해라. 가아들 잡아들이는 건 느그들 책임잉기라."

그때 형수가 뛰어왔다.

"도련님요, 큰일 났심더!"

"또 뭔교?"

노상추가 돌아보며 역정을 냈다.

"희증이가 안 보입니더"

"희증이가 안 보이다니요?"

"희증이가 공부하기 싫다면서 나갔는데 저녁 답에는 올 중 알았는데 안 왔습니더."

해가 뉘엿뉘엿 져가고 있었다. 이제 곧 캄캄해질 텐데 집에 없다니!

"집에 오면 숙부님한테 종아리 맞을까 봐 못 들어오고 있는가 봅니더."

형수가 울먹이며 말했다.

"집안 어디 숨어있는지 다 보셨습니꺼?"

"하모요. 샅샅이 다 뒤지면서 찾았는데, 없심더."

노상추는 한숨이 나왔다. 도대체 오늘 집안 꼴이 왜 이런 건가?

"느그들 다 온 동네 뒤져서 희증이 찾아온나."

"치종이랑 위단이 잡아 오라매요?"

손돌이가 대들듯 말했다.

"지금 노비 새끼들이 문제가? 상전을 먼저 찾아야 할 거 아이가!"

노상추는 화가 나서 소리를 빽 질렀다. 노비들은 모두 머쓱한 표정을 지었다. 노상추가 말했다.

"나는 뒷산으로 함 가봐야겠다. 모두 흩어져라. 완복아, 니는 형수랑 나가서 희증이 찾아온나."

노상추는 뒷산 쪽으로 올라갔다. 해가 져서 이젠 어둑어둑했다. 희증이 요놈이 날은 어두운데, 산에 있으면 어쩌나 걱정이 확 밀려왔다. 노상추는 큰 소리로 외쳤다.

"희증아, 희증아!"

날은 이미 저물었다. 뒷산은 얕은 산이지만 그래도 늑대 같은 위험한 동물이 나올 수 있다. 노상추는 어디에서 맹수에게 물려 피를 흘리고 있는 건 아닌지 걱정되어 뒷산을 이 잡듯 뒤지며 목이 터져라 외쳤다.

"희증아, 희증아!"

뒷산에서 내려다보니 노상추의 집이 보였다. 노상추는 가슴이 막막해졌다. 가솔들을 이끄는 일이 어찌 이리 어려울까. 노비들이 도망가질 않나 조카가 집을 나가지를 않나! 젖먹이들을 잃은 지 얼마나 됐다고 그나마 살아남은 조카까지 횡액을 당하면 어떡하나 생각하니 하늘이 무너지는 것 같았다. 두려운 마음에 온 산을 미친 듯이 뛰어다녔다. 희증이가 저 나무 뒤에서 앉아 있을 것 같아 뛰어가 보면 없고 저 바위 뒤에 있을 것 같아 뛰어가 보면 없었다.

"희증아! 희증아!"

노상추는 목이 터져라 희증를 부르며 뛰어다니다가 발을 헛디뎌 산

아래로 데굴데굴 굴렀다. 그리고 정신을 잃었다. 시간이 얼마나 흘렀을까.

'숙부님, 숙부님.'

희증이 목소리가 들린 것 같아 '희증아' 소리치며 깨어났다. 하지만 캄캄한 밤이었고 주위에는 아무 것도 없었다.

"부엉, 부엉."

부엉이 소리를 희증이 목소리로 잘못 들은 건가. 이대로 아이를 찾지 못하고 돌아가면 형수가 얼마나 놀라겠는가. 아버지 손으로 막내 여동생을 묻고 내 손으로 아들을 묻었는데 형수 손으로 희증이를 묻는 일이 또 일어난다면? 노상추는 고개를 세차게 저었다. 안되지. 그건 안돼. 노상추는 벌떡 일어나 찾으려했지만 발목을 접질렸는지 앞으로 픽 고꾸라졌다. 산길을 더 다닐 수가 없어 노상추는 하는 수 없이 비틀거리며 집으로 발길을 옮겼다. 요즘 술증이와 희증이에게 너무 심하게 야단을 친 것을 후회했다. 딴에는 형님 앞에 떳떳하게 키워내고 싶은 욕심에 더 엄하게 했다. 내 자식을 그리 사랑하고 아꼈을까. 떠나보낸 아들과 여동생을 생각하면 죽지 않고 살아 남아준 두 조카는 얼마나 귀한 후손인가. 두 조카를 키워내는 일은 내 책임이고 내 자식보다 잘 키워야 한다는 마음에 더욱 엄하게 공부시켰는데 형수도 항상 떨떠름한 얼굴이고 두 조카는 볼멘 얼굴이었다. 희증이에게 무슨 변고라도 생긴다면 평생 형수가 나를 얼마나 원망할 것인가.

노상추는 비틀거리며 집 앞에 당도했다. 멀리 보니 형수와 효명이가 나와 있었다. 노상추를 보고 형수가 달려왔다.

"도련님, 희증이 찾았심더."

그 말을 들은 노상추는 눈을 감았다. 가슴을 짓누르던 걱정이 눈처럼 녹아 없어졌다. 정말 다행이다.

"희증이가 숙부님이 무서버가아 집에 몬 들어오고 정자나무 앞에 박

교리 댁에서 그 집 아아들이랑 놀았답니더."

형수가 노상추의 눈치를 보며 면구스럽다는 듯 눈을 내리깔고 말했다. 노상추는 안도와 피곤이 함께 몰려와 힘이 풀렸다.

"됐심더."

노상추가 절뚝이며 들어서자 효명이가 뛰어나와 노상추를 보고 기겁을 했다.

"오라버니, 어디서 뭘 하고 오셨길래 온몸이 흙투성잉교?"

완복이가 보고 눈이 휘둥그레져서 말했다.

"형님, 와 절뚝거리능교? 산에서 굴렀능교?"

노상추는 말할 힘도 없어서 사랑채 마루에 걸터앉았다. 형수가 술증이와 희증이를 델고 나와서 노상추 앞에 무릎을 꿇게 했다. 술증이와 희증이도 노상추의 행색을 보고 기겁을 했다. 온몸이 흙투성이일 뿐 아니라 유건과 옷 여기저기가 찢어져 있었다. 꼭 맹수와 싸우다 돌아온 사람 같았다.

"숙부님, 용서해 주이소. 잘못했심더."

"숙부님, 잘못했어예."

두 아이는 엉엉 울었다. 형수도 머리를 조아리며 말했다.

"도련님, 다 제 불찰입니다. 용서해 주이소."

노상추는 엉엉 울고 있는 희증이를 보고 얼마나 마음이 놓였는지 모른다. 생각 같아서는 끌어안고 하하하 웃고 싶었지만 체면상 그러지는 않았다. 애써 심각한 표정을 지으며 말했다.

"느그 오늘 내가 하라고 한 숙제 다 했나?"

둘은 울다 말고 노상추를 빤히 바라봤다.

"방에 가서 오늘 하라고 한 공부마저 해라. 내일 아침 먹은 후에 사랑채로 공부하러 오니라."

"예!"

둘은 대답하고 안채로 갔다. 노상추는 온몸의 흙을 털고 세수를 한 후 형수가 가져다준 저녁상을 받았다. 형수는 노상추의 몰골을 보고 쥐구멍에라도 들어가고 싶다는 듯 미안하다고 사과했다.

"괘안심더. 형수도 마 오늘 놀래셨을테이 들어가 쉬시소."

형수가 저녁상을 들고 나간 후 노상추는 서안 앞에 꼿꼿이 앉아 눈을 감았다. 조금 전까지 산속을 헤매며 지옥으로 떨어지는 것 같았는데 이렇게 희증이를 찾았으니 천당에 온 것 같았다. 노상추는 산속을 헤메면서 흔들렸던 마음을 반성했다. 군자는 두려움에 지면 안 된다. 수신제가 치국평천하라고 했다. 스스로 몸을 닦는 것이 처음이요, 그 다음이 집안을 다스리는 일이다. 군자는 수신에 힘써 날마다 일어나는 갖가지 기분이나 잡스러운 생각에 흔들리지 말아야 한다. 자기 마음도 다스리지 못하는 인간이 출사할 수 없다. 조카들은 더 열심히 공부시킬 것이고 도망간 노비들은 잡아들여 일벌백계[3]할 것이다. 집안도 하나 다스리지 못하면서 나라를 다스리는 관리가 되겠다고 하는 것도 어불성설이다. 노상추는 가장으로써 집안의 여러 대소사도 엄정하게 처리해 나갈 것을 다짐했다. 가장이 흔들리면 집안은 풍비박산이다. 무지몽매한 노비들이나 어린 조카나 모두 집안 가장을 하늘같이 알고 따르도록 해야 한다. 노상추는 밤새 도망간 위단이와 치종이를 어떻게 잡아들일지 궁리했다.

다음 날 인시가 되자 노상추는 자리에서 벌떡 일어났다. 밤새 계획해 둔 것을 실행해 볼 작정이었다. 일단 여종들이 집안일과 농사일을 하기로 했고 남종들이 위단이와 치종이를 잡으러 다니기로 했다. 일단 덕돌이는 장이 서는 날이라 장터에 가서 찾아보기로 했고 검쇠는 나루터에서 숨어서 하루 종일 지켜보기로 했다. 점발이는 관아에 노상추가 위단

---

3) 일벌백계(一罰百戒): 다른 사람들에게 경각심을 불러일으키기 위하여 본보기로 한 사람에게 엄한 처벌을 하는 일.

이와 치종이를 잡아달라는 편지를 전달하기로 했다. 관아에서 포졸들이 나서준다면 일이 쉽게 풀릴 수 있다. 순업이는 치종이의 딸이 있다는 김산의 박 초시 댁 앞에서 숨어서 기다리기로 했다. 노상추는 남종들을 모두 보내고 아침을 먹은 후 술증이와 희증이를 공부시켰다. 전날과는 달리 술증이와 희증이는 단정하게 옷을 입고 무릎을 꿇고 반듯하게 앉아 열심히 공부했다. 아마도 형수가 아이들 버르장머리를 고쳐놓은 것 같았다. 아이들은 잔뜩 긴장해서 노상추의 눈치를 살피며 시키는 대로 군소리 없이 공부했다. 노상추는 어제 산에서 데굴데굴 구르며 다리를 접질린 보람이 있다고 생각했다. 조카들이 공부하는 모습을 보니 흐뭇했다. 노비들을 잡아들이지 못하면 어쩌나 고심했지만 일은 의외로 쉽게 풀렸다. 검쇠가 나룻배를 타려고 기웃거리며 기회를 보던 치종이와 맞닥뜨린 것이었다. 검쇠는 치종이를 단번에 때려눕힌 후에 새끼줄로 결박해서 집으로 끌고 왔다. 노상추는 치종이를 보고 추상같은 목소리로 말했다.

"네 이놈! 네 죄를 니가 알렸다!"

"잘못했심더."

"위단이는 우데다 숨겼나?"

"소인은 모릅니더. 위단이랑 처음에는 같이 도망을 쳤는데 장터에서 싸우는 바람에 헤어졌심더. 진짭니더."

"와 싸왔노?"

"위단이가 맨날천날 이래는 몬 산다 몬 산다 카미 같이 도망가자 카는 기라요. 어제는 논에 김매는데 오디만 돈 있다꼬 가자 캐서 지도 따라나섰씸더. 그란데 배가 고파가아 국밥이라도 사달라 카이 돈 없다꼬 지랄을 해싸서 내는 니 따라 목숨 걸고 나섰는데 니는 내 국밥도 하나 몬 사주냐고 하다 싸워 뿌렀심더."

"그래서 우옛노?"

"위단이는 조령 넘어가아 한양으로 간다 캐서 헤어져 뿌고 지는 마 강 건너서 장기로 가서 고깃배나 탈까 아니믄 돌아갈까 고민하다가 잡 혔심더. 진짭니더. 지는 마 도망칠 생각은 원래 없었고예, 위단이가 가 자고 하도 꼬시아 홀랑 넘어가 뿌린 깁니더. 지는 원래 돌아올라 캤 심더. 지 같은 종놈이 도망친다 칸들 머를 해서 먹고살겠십니꺼? 잘못 했심더. 살려주이소!"

노상추는 치종이를 노려봤다. 치종이는 진심을 믿어달라는 듯 노상 추를 올려다보며 잉잉댔다. 치종이 이놈의 말을 믿을 것인가? 이놈이 위단이의 행방을 진짜 모를까? 위단이가 이놈을 꼬셔서 집에서 도망친 걸까? 노상추의 눈에는 치종이의 행색이 들어왔다. 치종이는 저고리와 바지를 입고 있었고 행전까지 차고 있었다. 발에는 미투리를 신고 있었 는데 노상추 눈에 익은 것이었다. 치종이 놈이 저 미투리를 신고 장터 에 놀러 가는 것을 몇 번 본적이 있다. 그때마다 종놈이 비싼 미투리를 신고 다닌다고 혀를 찼었다. 노상추는 치종이가 미투리를 신고 행전까 지 차고 있는 것을 보고 놈이 거짓말을 하고 있다는 걸 알았다. 놈의 말 대로 위단이가 가자고 해서 따라나선 거라면 이렇게 옷을 단단히 입지 않았을 것이다. 미투리와 행전까지 갖춘 걸 보면 오래도록 산길을 걸을 준비를 한 것이다. 일하다가 따라나섰다면 분명 잠방이 차림이었을 것 이다. 치종이는 눈알을 번들거리며 자기 말을 믿어달라는 듯 노상추를 쳐다봤다. 노상추는 주인을 바보로 알고 거짓부렁을 늘어놓는 치종이 의 간악함에 분노하여 소리쳤다.

"이놈이 이실직고할 때까지 마구 쳐라!"

"아이고 주인 나으리, 참말입니더. 참말입니더."

검쇠와 덕돌이가 치종이를 몽둥이로 마구 내리쳤다. 노상추가 소리 쳤다.

"바른대로 대지 못하겠나! 니가 감히 상전을 속일라꼬 하다이 죽어

마땅하데이! 이놈을 죽을 때까지 쳐라!"

"살려주이소! 참말입니더······."

치종이는 보기보다 강단이 있는 놈이었다. 끝내 위단이가 있는 곳을 불지 않고 정신을 잃었다. 치종이를 곳간에 가두고 물과 음식을 주지 말라고 엄히 일렀다.

"이놈 불쌍타꼬 동정하는 것들은 이놈보다 더 패줄테이 그리 알아라!"

다른 종들은 치종이를 보고 동정하는 눈길을 보냈지만 유독 계단이는 싸늘했다. 계단이와 위단이가 치종이를 사이에 두고 쟁탈전을 벌인 게 틀림없다. 치종이가 죽도록 맞아도 위단이의 거처를 말하지 않는 것을 보고 노상추는 치종이 놈과 위단이 사이가 보통이 아니라는 걸 알았다.

며칠이 지나갔고 매일 치종이 놈을 두들겨 팼지만, 놈은 입을 열지 않았다. 이제 곧 추수해야 할 시기라 노비들이 위단이만 잡으러 다닐 수가 없었다. 일단 남은 노비들은 위단이 잡는 것을 멈추고 추수 준비에 들어갔다. 노상추는 치종이 놈이 끝까지 잡아떼는 것을 보고 분해 견딜 수 없었다. 상전을 능멸하는 저놈을 쳐 죽이려다가 죽여도 추수가 끝나고 죽이자 싶어 살려뒀다. 치종이는 거의 기다시피 논으로 나가 일을 했다. 시치미를 뚝 떼고 죽는 시늉하다가도 혼자 씨익 웃는 것을 보면 저놈은 위단이를 어디론가 빼돌리고 흐뭇해하고 있는 것이 분명했다. 노상추는 분했지만 아무리 동네 사람들과 선산부에 부탁을 하고 다녀도 종내 소식이 없었다. 추수가 거의 끝나갈 무렵 노수가 또 찾아왔다. 노수는 노상추를 보고 빙글빙글 웃었다.

"도망간 종년은 찾아냈나?"

"아직 몬 찾았심더."

"니는 종년 하나 제대로 몬 잡고 그래 쩔쩔매고 있나? 그래가아 양반 노릇 해 먹겠나?"
 "그러게 말입니더."
 "내 찾아줄까?"
 노상추는 깜짝 놀라 물었다.
 "그 상것을 보셨습니꺼?"
 "그래. 내 델고 왔다. 함 볼래?"
 노수는 대문 밖에다 대고 큰 소리로 불렀다.
 "야들아, 델꼬 온나!"
 대문 밖에서 두 장정이 웬 중을 끌고 오는데 사랑채 앞에 엎어져 얼굴을 들고 보니 위단이였다. 노수는 낄낄 웃으며 말했다.
 "와, 야 좀 보래이! 꼴이 좀 웃기제?"
 머리를 빡빡 밀고 장삼을 입은 위단이는 원통하다는 듯 입술을 깨물고 있었다. 집안사람들이 모두 몰려나와 위단이를 보고 기막혀했다. 치종이가 멀리서 오더니 위단이를 보고 눈이 휘둥그레졌다가 고개를 푹 숙였다. 계단이는 위단이를 보고 고소한 듯 눈을 내리깔고는 행랑채로 사라졌다. 그날 위단이는 죽을 정도로 맞은 후 광에 갇혔다. 노상추는 노수를 사랑채로 모신 후 거하게 대접했다. 노수는 노상추를 애송이 취급하며 마구 지껄여댔다.
 "자를 우예 잡으셨습니꺼?"
 "상추야, 종들을 다스리는 것도 다 방법이 있느니라. 말 안 듣는다꼬 쥐패는 기이 다가 아인기라. 평소에 종들도 우떤 놈들인지 잘 봐둬야 하고 주변 사람들 하는 말에도 귀를 항상 기울이야 된데이. 며칠 전에 집사람이 절에 댕기왔는데 매일 댕기는 절에 처음 보는 비구니가 있더란다. 옆에 알던 비구니한테 물어보이 얼마 전에 막무가내로 비구니가 되겠다믄서 자기 맘대로 머리를 깎고 절로 들어와서 안 나가고 버티고 있는 사람이라 카더라꼬. 절에도 마 오만 인간이 안 모이겠나. 집사람이 아무리 무식해도 지 맘대로 머리 깎아뿔고 비구니 시켜달라는 인간은 처음 봤다는 기라. 내가 생김새나 나이 정도를 물어보이 마 얼추 맞는 것 같아서 장정들을 델고 가 보이 느그 집 종이 맞더라꼬."

"위단이가 천지 우데 있는 중 알고 그 비구니가 위단이라꼬 생각하셨능교?"

"치종이 그놈이 나루터에서 잡힌 걸 보믄 돈도 없다 아이가. 나루터에서 배를 탈라 카면 포졸들한테 호패도 보여주고 해야 안 되나. 포졸들한테 안 잡히고 배를 탈라 카면 캄캄한 밤에 뱃사공이 배로 실어다 줘야 되는데 그랄라 카믄 돈이 마이 들제. 치종이 점마가 나루터에서 기웃거리다 잡힌 걸 보믄 위단이도 멀리는 도망을 몬 갔다 싶었다. 위단이는 치종이를 따라 나선 기이다. 그란데 치종이가 잡혔으이 저 주변 머리 없는 상것이 우데 천지를 알아서 도망을 가겠노. 자가 갈 데라꼬는 주막집이나 객주집 빽이 더 있겠나. 그란 데는 내가 환하게 아니 어디라도 들어갔시믄 바로 내 귀에 안 들어왔을 리가 없지. 그래도 안 잡히는 걸 보면 산속 어딘가에 숨은 것 같더라꼬. 산에 계속 있다가는 굶어죽기 딱 맞으이까네 인자 내려올 때가 됐다 싶었는데 마침 집사람이 비구니 이야기를 하길래 위단이가 분명하다 생각한 기지."

노수는 역시 꾀가 많은 위인이다. 서자라 그런지 종들의 행태에 대해 잘 알고 이들을 어떻게 다뤄야 하는지도 잘 아는 것 같았다. 노상추는 자기가 왠지 노수보다도 능력이 없는 것 같아 착잡했다. 노수는 노상추를 아무것도 모르는 아이를 보듯 얕잡아 보는 눈길로 말했다.

"과거만 보는 기이 상수가 아이다. 니가 암만 양반이라 캐도 앞뒤 꽉 꽉 막혀서 벽만 보고 책만 읽어서는 세상 돌아가는 걸 모르는 기라."

노상추는 서출 주제에 양반을 능멸하는 말을 서슴없이 하는 것을 듣고 심히 기분 나빴다. 위단이를 잡아다 준 건 고마운 일이었지만 그걸 빌미로 우리 집에 으스대며 드나들기 시작하면 나중에 무슨 짓을 벌일지 모른다. 이미 할아버지께서 당하시지 않았는가. 노상추는 노수에게 겉으로는 고맙다고 했지만 속으로는 께름칙했다. 노수는 그날 아버지께서 성곡 서실에서 집으로 돌아오시자 초당채로 가서 아버지께 밤새도록 생색을 내고 허풍을 떨었다. 사랑채 마루에 있으니 곳간에서 위단이의 신음 소리가 들려왔고 초당채에서는 노수의 꽥꽥대는 소리가 들려왔다. 양반 가문의 가장 노릇을 한다는 건 어려운 일이다. 거칠고 막돼먹은 노비들에게 속아 넘어가도 안 되고 호시탐탐 양반과 맞먹으려 하는 서출들의 도발에도 맞서야 한다. 앞뒤 꽉꽉 막힌 서생이라는 노수의 비웃음이 뇌리에 박혔다. 하지만 노상추는 노수의 비웃음 따위는 괘념치 않았다. 나는 서출이나 노비 따위에 흔들리지 않는다. 나는 이제 힘차게 떠오르는 해처럼 나의 길을 갈 것이다. 나의 갈 길을 갈 것이다.

7. 헤어지면 다시 만난다

1768년 · 무자년 · 영조 44년 · 2월 · 22세

"오라버니, 잘 계시소."

여동생은 가마에 오르기 전 노상추를 바라보며 빨개진 눈으로 말했다. 노상추도 눈을 껌벅거리며 울지 않으려고 여동생에게 빨리 가마를 타라고 손짓했다. 여동생은 그토록 기다렸던 혼인이었지만 막상 가마를 타는 순간 잠시 머뭇거렸다. 여동생은 돌아올 수 없는 길을 떠난다. 이제 낯선 사내를 따라 낯선 집에 가면 그곳에서 자신의 인생이 마칠 때까지 살아야 한다. 아내를 맞이하는 심정과 여동생을 시집보내는 심정이 이렇게 다를 줄 몰랐다. 가마가 동네를 빠져나가 먼 고개를 넘어갈 때까지 노상추는 동네 정자나무 앞에서 바라보고 있었다. 효명아, 세상에서 제일 큰 것이 사람의 마음이니라. 담지 못할 것이 없고 덮지 못할 것이 없다. 모진 세월이 와도 큰마음으로 견뎌라. 그기이 양반가 아녀자의 길이니라. 가마가 사라진 후 이제는 정말 떠났다 생각하니 몸의 한쪽이 떨어져 나가는 것 같았다. 이별은 아무리 좋은 이별이라 해도 언제나 힘겹다.

효명이가 시집간 지 일 년이 넘었지만 아직도 안채 어딘가에서 있을 것 같은 착각이 들었다.

'잘 살아야 할 낀데…….'

노상추는 오늘도 대문을 보며 작년 대문으로 빠져나간 여동생의 가마가 떠올랐다. 함께 공부하다 만난 벗 김수언의 소개로 하회 마을의 유서 깊은 류씨 가문과 인연이 닿았고 그쪽 집안에서 혼인하고 싶다는 연락이 왔다. 노상추는 혼서와 사주단자를 주고받으며 신랑 될 사람의 이름이 류항조라는 것과 여동생과 같은 해인 기사년에 태어났다는 것을 알고 좋았다. 또 용하다는 점쟁이가 서합괘(噬嗑卦)[4]에서 진괘(震卦)[5]로 가는 길한 운이라고 해서 더욱 마음이 놓였다. 봄에 시작된 혼담이었는데 천연두가 도는 바람에 시월 중순이 되어서야 혼례를 치를 수 있었다. 혼삿날을 앞두고 효명이는 신랑이 어떤 사람일지 궁금해서 안절부절못했었다. 노상추도 효명이가 싫어하면 어떡하나 조마조마했지만 막상 신랑 될 사람 류항조를 맞이하고 보니 예상했던 것보다 훨씬 귀티 나고 단정한 선비라 퍽 기뻤다. 효명이도 혼례를 치를 때 잘생긴 남편감을 보고 기분이 좋았던지 홍조가 얼굴에서 가시지 않았다. 신랑과 함께 노상추의 집에서 지내는 나흘 동안 효명이는 아무리 숨기려 해도 하늘로 올라가는 입꼬리를 숨길 수가 없었다. 노상추는 효명이의 올라가는 입꼬리를 떠올리며 여동생이 잘 살거라 생각했다. 노상추는 어머니와 아내 그리고 형수에게 닥쳤던 불행이 효명이에게는 닥치지 않기를 간절하게 빌었다. 남편에게 사랑받고 자식도 많이 낳아 건강하고 다복하게 살기를 바랐다.

"니도 이제 그만 장가를 가거라."

아버지는 요즘 부쩍 노상추에게 혼인을 권하셨다. 노상추는 이제 22

---

[4] 서합괘(噬嗑卦): 주역에 나오는 괘로 모든 일이 형통하다는 의미.

[5] 진괘(震卦): 주역의 괘로 두려움 속에 복을 누린다는 의미.

살이 되었다. 새어머니의 삼년상도 다 마쳤고 여동생도 혼인했으니 이제 노상추가 갈 차례였다. 지난 몇 년은 노상추에게 참으로 모질었다. 형이 떠나고 어머니가 떠나고 아내와 새어머니 그리고 첫 아이와 막내 여동생이 떠났다. 하늘의 뜻이 어디 있는지 모르지만 노상추는 그 모든 것을 받아들이고 견뎌냈다. 많은 이별을 한 탓에 노상추의 집에는 노상추와 동생 완복, 그리고 형수와 두 조카만이 남았다.

"형님 먼저 가소. 찬물도 위아래가 있다 안하요."

완복이는 제법 어른스럽게 말했다.

"내는 한 번 가 봤잖아. 니 가고 싶으면 가라. 보내 주꾸마."

노상추는 죽은 아내와 아들 생각에 또 그런 일이 일어나면 어쩌나 하는 두려움이 있었다. 혼담을 주고받는 일부터 혼례를 하고 임신하고 출산하고 자식을 기르는 그 모든 일을 다시 시작해야 한다. 새 삶에 대해 기대도 크지만 두려움도 크다. 연이어 두 분의 어머니를 장례 치른 충격에서 아직 벗어나지 못했는지 노상추는 선뜻 장가가겠다고 하지를 못했다.

"나으리, 선산부 약정(約正)[6]께서 오셨십니더."

밖에서 검쇠가 고하는 소리가 들렸다. 노상추는 완복이와 함께 나가 약정 박태종을 맞이해서 사랑채에 들었다.

"선산 부사께서 보내시는 체문과 공작미 납부 문서입니더."

약정은 공손하게 노상추에게 문서 두 장을 내밀었다. 체문을 읽어보니 올해 세금으로 낼 쌀과 면포를 성실하게 납부해달라는 것과 올해 부과된 쌀과 면포의 상세 내역이었다. 올해엔 성인 남자 한 명당 쌀은 공미(公米)[7]로 약 4섬, 공작미(公作米)[8]로 쌀 1섬과 콩 한 말 40되였고 면

---

6) 약정(約正): 조선시대 향약 조직 임원으로 수령을 도와 다양한 일을 함.

7) 공미(公米): 국가나 관아 소유의 쌀. 또는 공무역에 쓰는 쌀.

8) 공작미(公作米): 조선 후기, 조선 정부가 공무역의 대가로 대마번에게 지급하던 쌀.

포로는 공목(公木)⁹⁾으로 2필, 양목(粮木)¹⁰⁾으로 사분의 1필, 대동목(大同木)¹¹⁾으로 1필이었다. 한 명당 쌀 다섯 섬에 면포 두 필 넘게 내야 하므로 아버지, 노상추, 완복이까지 하면 올해 세금으로 쌀은 열다섯 섬, 면포는 일곱 필 정도를 내야한다. 노상추는 길게 한숨을 쉬었다. 박태종이 눈치를 힐끔거리면서 말했다.

"공목 두 필은 두 냥 사 전으로 내시도 됩니더."

"알겠네. 부사님께 올해에 차질 없이 세금을 내겠다고 전해주게."

"예, 그럼 소인은 이만 물러가겠습니더."

약정이 떠난 후 노상추는 올해 세금 내고 나면 식구들 먹고 살 식량이나 남을까 고민이 됐다. 풍년이 들면 낼 수 있겠지만 흉년이라도 들면 세금 내고 나면 먹을 양식도 부족할지 모른다. 이제 며칠 후면 삼월이 되고 농사가 시작된다. 부디 천기가 조화로워 가뭄이나 홍수 없이 풍년을 맞이해야 할 텐데. 작년에는 흉년이 들어 가을에 벼가 한 냥으로 다섯 말 밖에 못 샀으니 가난한 이들의 고초가 이만저만 아니었다. 노상추는 갖가지 구상으로 머리를 굴렸다. 올해엔 면화 농사도 잘 짓고 여종들에게 길쌈도 부지런히 시켜 세금으로 낼 면포를 부지런히 장만해야 한다. 여름에 보리농사를 잘 지어서 돈을 미리 마련해 두면 가을에 부담을 덜 수 있을 것이다. 항상 느끼는 거지만 수확할 때는 많은 것 같다가도 세금 떼고 빌린 돈 갚고 머슴들 새경 주고 나면 막상 곳간에 볏섬이 어린아이 이 빠지듯 듬성듬성 빠져버려 이듬해 봄에 춘궁기를 넘기기 어렵게 되는 것이다.

아버지께서 성곡 서실에서 집으로 오셨다. 노상추는 아버지의 초당채에 밥상을 들고 들어가 함께 식사했다.

---

9) 공목(公木): 사신 접대에 들어가는 비용을 조달하고자 걷는 포.
10) 양목(粮木): 군대 양식 비용을 조달하기 위해 걷는 포.
11) 대동목(大同木): 기존에 바치던 공물 대신 바치는 포.

"상추야, 안동 사돈이 서실에 댕겨가싰다."

"아, 그라셨습니꺼? 효명이는 잘 지내고 있다 카십디꺼?"

"그래. 효명이는 마 잘 지낸다 카더라. 아직 아아가 들어섰다는 말씀은 없으시더라."

"잘 지내면 됐지요. 아아는 차차 안 생기겠십니꺼."

"그래. 그라지. 그란데 사돈어른께서 같은 하회 마을에 사는 류후약이라는 친척이 있는데 그 집 딸이 참하다 카더라꼬."

노상추는 얼굴이 확 붉어졌다.

"와? 싫라?"

"아입니더. 하회 마을의 류씨 가문 처자면 뭐……."

노상추는 말을 잇지 못하고 밥숟갈을 입에 넣었다.

"마 그 집에서도 니 이야기를 하이까네 좋다 캤다 카더라꼬. 줄줄이 초상이 나는 바람에 니도 고생 많았고 이제 느그 새어무이 삼년상까지 마쳤으이 더 볼 것도 없다. 마, 가그라. 완복이도 양자로 가는 바람에 이 집에 대를 이을 사람이 니 밖에 없는데 니 혼사가 늦어지믄 안 된다. 한시라도 빨리 장가가서 자손을 낳도록 해라."

노상추는 아버지와 식사를 마치고 사랑채로 돌아와 서안 앞에 앉았다. 이제 더 미룰 이유도 없고 장가를 들어 집안의 대를 이어야 한다. 노상추는 마음이 공허하고 슬펐다. 나이 스물둘에 과거 한 번 응시 못 해보고 자식도 하나 없다니. 열심히 산 것 같은데 왜 성취한 것도 없고 자라나는 자식 하나 없을까.

노상추는 공부에 진전이 없는 자신을 탓했다. 바쁜 집안일을 탓하기도 했지만 전적으로 공부에 뛰어들지 않고 있는 자기 탓이기도 했다. 몇 년 전에 효득 형과 함께 공부했는데 작년 효득 형은 장가든 지 넉 달 만에 세상을 떠났다. 노상추는 효득 형의 부고를 듣고 몇 날 며칠 밥을 먹지도 못했다. 사는 것이 참으로 허무했다. 남겨진 효득 형의 아내가 불쌍해서 견딜 수 없었다. 효득 형은 고향에서 이백 리나 떨어진 곳에서 죽었는데 집이 가난해서 시신을 고향으로 운구하지도 못했다. 노상추가 말을 빌려줬건만 말은 떠나지도 못하고 다시 노상추의 집으로 되돌아왔다. 그리고 요전에는 함께 과거 공부를 하던 친구 성호가 죽었다. 며칠 전에는 장례식에서 슬피 울던 그의 처가 집으로 돌아갔다는 소식을 들었다. 친구와 형이 세상을 떠났을 때 느낀 슬픔은 부모나 자식을 잃었을 때와는 사뭇 달랐다. 죽음이 남의 이야기가 아니라는 것을 느낀 것이다. 죽음이 만일 내 앞에 있다면 나는 오늘을 어떻게 살아야 할까.

가장 문제는 역시 과거였다. 혼인은 언제든지 인연 닿는 사람과 할 수 있지만 과거는 과연 붙을 수 있을까? 왜 아무리 공부해도 확신이 들지 않는 걸까? 스물두 살이면 초시 정도는 합격해야 하는 나이다. 물론 삼십 대 중반을 넘기는 일도 많지만 보통 이십 대에 초시, 삼십 대 초반에 복시에 합격한다. 이젠 정말 과거를 봐야 할 나이이다. 그런데 왜 자꾸 주저하게 되지?

사실 노상추는 작년 가을 선산 관아에서 주관하는 백일장에 참가했었다. 백일장은 수령이 지역에 사는 유생들을 모아서 과거 시험과 같은 형식의 시험을 치르는 행사이다. 수령은 지역 백성들에게 학업을 권장할 의무가 있고 과거 합격자 수는 수령의 중요한 인사 고과 항목이라 백일장을 열어 유생들의 과장 경험을 쌓도록 해주는 것이다. 특히 이번 백일장에서는 장원을 하면 문과에서 초시를 면제받고 바로 복시를 볼 자격을 주겠다고 해서 먼 고을에서도 구름떼처럼 유생들이 몰려들어 선산부 주변 주막과 객주가 모두 터져나갔다. 노상추도 이번 백일장에서 장원이라도 되면 문과 초시 시험을 면제받고 복시로 바로 올라갈 수 있다는 생각에 마음이 크게 동했다. 노상추는 식구들에게 알리지 않고 짐짓 친구들과 놀러 가는 척하면서 백일장 시험장으로 들어갔었다.

유생들로 가득 찬 시험장을 보니 비록 백일장이라지만 긴장이 됐다.

"人道敏政賦 (인도민정부)."

둘러보니 자신 있게 붓으로 답안을 작성해 가는 선비도 있고 생각에 잠긴 선비도 있었다. 이 시제는 중용(中庸)[12]에 나온 것으로 人道敏政(인도민정) 즉, 사람의 도는 정치에 민감하다는 뜻이다. 이 주제로 부(賦)를 짓는 것인데 부는 1구 6언, 30연으로 써야 한다. 노상추는 부(賦)를 짓는 것이 항상 어려웠다. 노상추는 하루 종일 고심하다가 겨우 30연의 부를 완성해서 제출했다. 시험을 치르고 나서 관아에서 나와 주막집에 들러 시원한 탁주를 한 사발 들이켰다. 주변에 선비들은 모두 이번 시제에 대해 떠들고 있었는데 옆에 자리에서 두 선비가 하는 말이 들렸다.

"내는 압운 맞추는 것 때매 머리만 굴리다가 30연을 다 못 썼다 아이가."

"허허, 운자 맞추는 기이 머 중요하노? 부를 완성하는 기이 중요하지."

"원래 오늘 시제가 중용에 나온 人道敏政 地道敏樹[13] 맞제?"

"그래애."

노상추는 옆에서 탁주를 마시다가 그 이야기를 듣고 깜짝 놀랐다.

'아! 내가 地道敏木으로 쓴 부분이 있는데…….'

어이없는 실수였다. 딴에는 중용의 내용을 풀이하려고 했던 것인데 분명히 시험관은 노상추가 원문을 잘 알지 못한다고 생각했을 것이다. 사서오경을 벌써 십 년째 밤낮 없이 외워도 항상 헷갈리고 중요한 글자가 생각이 나지 않았다. 노상추는 힘이 쭉 빠졌다. 그런 나무 수(樹)

---

12) 중용(中庸): 공자의 손자인 자사의 저작으로 사서(四書)의 하나.

13) 人道敏政 地道敏樹(인도민정 지도민수): 사람의 도는 정치에 민감하고 땅의 도는 나무에 민감하다.

자를 목(木) 자로 쓰고 나오다니. 차라리 인용하지 말았어야 했는데.

"마, 내도 재주껏 써냈는데 우예 될까 모리겠다."

"우예 되기는? 실력 대로 되겠지."

노상추는 그래도 혹시 하는 마음에 결과를 기다렸다. 장원은 못하더라도 합격은 할 수 있지 않을까 기대했지만 결과는 불합격이었다. 선산 부사는 친절하게도 장원의 답안을 관아 앞에 게시했다. 노상추보다 다섯 살 어린 선비의 것이었는데 읽어보니 내용 면으로나 형식 면으로나 장원 감으로 손색이 없었다. 관아에서는 장원의 영광을 얻은 선비에게 수령이 백패를 수여하는 행사를 하느라 야단법석이 났다. 노상추는 발길을 돌려 집으로 오는 길에 마음이 착잡했다. 그래도 오랫 동안 공부에 정진해서 백일장에 장원은 못하더라도 합격권에는 들어갈 줄 알았다. 선산의 동네 백일장에서도 합격을 못 하는데 하물며 문과를 붙을 수 있을까.

백일장에서 낙방한 후 노상추는 한동안 괴로운 마음이 추슬러지지 않았다. 문과 시험 준비를 계속해야 할지 할아버지처럼 무과로 바꿔야 할지 고민이었다. 아버지도 자기에게 거는 기대가 크신 만큼 무과로 응시한다고 하면 분명 실망하실 것이다. 포기하기엔 아직 이른 감이 있었지만 그렇다고 앞으로 삼십이 되든 사십이 되든 문과 시험을 준비하겠다는 결심도 서지 않았다. 문과는 웬만해서는 영남에서 합격자가 잘 나오지도 않았다. 하늘이 내린 천재라 사서삼경을 줄줄 외워야 하고 통사를 꿰뚫어야 하고 성리학과 예학에 밝아야 하며 당송팔대가의 유명한 한시 작품들은 몇 백 수 외워 시, 부, 표, 의 같은 형식의 글을 자유자재로 써낼 수 있어야 한다. 한마디로 머릿속에 유학과 한학의 책이 수백 권 고스란히 박혀 있어 어느 책 어느 대목의 문장이 나와도 사서오경 중 어디, 역사의 어느 시점, 어느 시인의 무슨 시 구절 중 어느 대목인지 바로바로 나와야 하는 것이다. 뼈를 깎는 노력으로 사서오경은 다 외웠다고 자신했는데 어이없이 헷갈리고 틀리는 걸 보면 머리가 나쁜 것이다. 자신의 앞날이 깜깜한 구름으로 뒤덮인 것 같았다. 과거는 봐서 뭐 하나. 떨어질 게 뻔한데. 장가는 가서 뭐 하나. 아내가 죽어버리는데. 아이는 낳아서 뭐 하나. 살아남지도 못하는데. 노상추는 마음이 끝없이 괴로웠다.

괴로운 마음이 정점에 이를 무렵, 노상추는 고남 땅에 쟁기질하는 것을 보러 갔다가 인근의 정주부의 집을 찾았다. 정형은 집에 없었는데 형수가 나와서 고남 활터에 가 있다고 말했다. 노상추는 정형을 만나러 고남의 활터에 가보았다. 형은 활쏘기 연습을 하고 있었다.

"상추 왔나!"

"형님, 활 잘 쏘시네예."

"잘 쏘기는. 야, 니는 안색이 와 그래 어둡노? 염라대왕이라도 만나고 왔드나."

"머 제가 요즘 잘 되는 기이 없어가꼬 마 이래저래 괴롭심더."

"사내대장부가 그런 말을 입에 담는 기이 아이다. 자, 니도 함 쏴봐라. 활쏘기는 선비의 필수 수양 과목이다."

노상추는 정주부가 가르쳐주는 대로 활을 쏴보았다.

투웅.

"와, 니 마, 잘하네! 팔심이 좋구마는."

신기하게도 활이 과녁을 맞혔다. 노상추는 모처럼 만에 기분이 좋았다. 정형과 활터에서 활을 쏘면서 그간 괴로웠던 심사를 날려보았다. 활을 쏘며 실컷 놀았더니 기분이 다소 밝아졌다. 다음 날 아침 일찍 일어나 다시 공부하고 집안일을 하고 있었는데 오후 무렵 손님이 찾아왔다고 계단이가 고했다.

"나으리, 정주부께서 보내신 거사님이 오셨심더."

노상추는 사랑방에서 나왔다. 마당에는 웬 삿갓을 쓰고 도포를 입은 남자가 있었다.

"무신 일로 오셨습니꺼?"

거사는 삿갓을 올려 노상추의 얼굴을 빤히 보며 말했다.

"내는 상주에서 온 달마거사입니더. 정주부께서 말씀을 안하셨등교?"

"지는 마 몬 들었는데예."

"아, 정주부가 노상추 선비를 만나서 관상을 봐주라 카데예."

"아, 예! 마, 들어오시소. 계단아, 술상을 좀 봐 온나."

그 관상쟁이는 그날 노상추의 사랑방에서 단숨에 동동주를 두 병이나 비우고 부침개와 수육을 입이 터지게 먹어댔다. 노상추는 계단이에게 술과 안주를 더 가져오라고 했다. 계단이가 술을 더 떠 왔고 관상쟁이는 말없이 술과 안주만 먹어댔다. 노상추는 안중에 없다는 듯 우걱대며 먹다가 겨우 노상추에게 말을 건넸다.

"아, 정주부께서 카시든데 요즘 고민이 많으시다꼬요."

"아, 예, 그라지요."

관상가는 동동주를 한 사발 들이키며 노상추의 얼굴을 힐끗 보았다. 고개를 끄덕이기도 하고 조금 아섭다는 듯 갸우뚱하기도 하면서 아무 말 없이 술병을 비우고 안주를 먹어댔다. 술이 먹고 싶어 왔는지 관상을 봐주러 왔는지 부지런히 먹고만 있는 관상쟁이를 쫓아낼까 말까 고민하다가 이따금씩 노상추의 얼굴을 흘낏거리며 보는 눈길이 날카로워 조금 더 봐주기로 하고 잠자코 기다렸다. 거사는 술과 안주를 모조리 다 먹어 치운 후 거하게 트림했다.

"끄어어어억."

노상추는 저절로 한숨이 나왔다. 정형은 다음에 만나면 한소리 해주리라. 이제는 관상을 봐주나 했는데 관상쟁이는 벌떡 일어나더니 옷을 주섬주섬 입고 나갈 준비를 했다. 노상추는 어처구니가 없어서 같이 일어났다.

"가실라꼬요?"

"예. 이제 가봐야겠심더."

"관상 봐주신다면서요?"

"관상 볼 필요가 머가 있겠십니꺼? 선비님은 앞으로 무관으로 출세도 하시고 자손도 보시고 팔십까지 사시니이 복이 많다 아입니꺼. 그라이 머 더 말할 것도 없심더. 쓸데없는 걱정은 하는 기이 아입니더. 그라는 시간에 가서 활이나 더 쏘소. 지는 마 갑니데이."

거사는 쏜살같이 문을 열고 나가 순식간에 사라졌다. 노상추는 어이가 없었다. 뭐 저런 돌팔이 거사가 다 있나.

"거사가 아이고 거지구마, 거지."

며칠 후 노상추의 마음을 더욱 어둡게 하는 일이 있었으니 바로 친구 여홍적이 과거에 급제한 것이었다. 홍적이는 생원시와 진사시를 한꺼번에 붙고 그 기세를 몰아 문과 시험에도 붙어 백패와 홍패를 한꺼번에 받았다. 홍적이라는 친구가 그렇게 글을 잘한다는 소문도 없었고 노상추가 알기로 그리 뛰어난 친구도 아니었는데 노상추가 몇 년 집안일로 정신없는 사이 실력이 일취월장했는지 그 어렵다는 문과 시험에 병과 12등으로 급제했다. 홍적이는 어사화를 쓰고 나귀에 올라타고 동네를 돌아다녔고 광대들이 꽹과리를 치고 피리를 불고 기생들이 노래를 불러 온 동네가 시끌벅적했다. 노상추는 홍적이를 문 앞에서 맞이했고 기생들과 광대들이 노상추의 집 안에도 들어와 걸판지게 놀았다. 여종들은 손님들에게 술과 고기를 대접했고 아버지도 사랑채 마루에 앉아 홍적이의 절을 받았다. 노상추도 옆에서 지켜보며 홍적이와 얼싸안고 축하해주었다.

"참말로 축하한다. 우리 동네에서 문과 합격자가 나오는 기이 얼마 만이고. 태어나서 처음이다 아이가."

"고맙다. 마 뛰어난 성적이 아이라 쪼매 부끄럽다."

"그런 말 하지 마라. 합격한 기이 제일 뛰어난 기지. 고생했다."

"오늘 저녁 답에 관아 앞 장터에서 선산 부사께서 잔치를 벌여주신 다 카이 니도 꼭 와라."

"하모. 그때 보자."

저녁 무렵에 선산부 관아 앞 큰 마당에는 경상도의 광대란 광대는 다 모였는지 여기저기 광대들이 줄을 타며 묘기를 부렸고 기생들은 풍악에 맞춰 노래를 불렀다. 문과 합격자가 배출된 것은 선산부에서도 큰 경사라 경상도 관찰사도 친히 왕림하셨다. 경상도 관찰사가 왕림하셨으니 그 아래 군수, 현감 등등 모두 한자리에 모여 홍적이의 합격을 축하했다. 노상추는 화려하게 성공한 친구를 보며 마음이 착잡했다. 광대의 묘기를 올려다보고 있는데 옆에서 정주부가 다가왔다.

"상추야, 니도 왔구나."

"형님, 오셨습니꺼. 그란데 그 걸뱅이는 와 우리 집에 보내셨능교?"

"걸뱅이? 누구 말이고?"

"관상쟁이 말입니더."

"아하! 그 관상가! 그 달마도사가 상주 바닥에서 용하다 소문났다 아이가."

"용하기는요! 우리 집에 와서 술이랑 안주만 쳐먹고 갔다 아입니꺼."

"니 관상 안 봐주드나?"

"마 무관이 되고 장수한다 캅디더."

"아, 그라드나? 그라면 할 말 다 했구마는. 아! 저 있네? 저 봐라, 저, 저!"

노상추가 정주부가 가리키는 데를 보았더니 그 관상쟁이가 상주 부사 옆에서 열심히 술과 안주를 먹어대고 있었다. 상주 부사는 관상쟁이에게 술을 따라주기도 하며 서로 두런두런 이야기했다. 노상추는 여기에도 술 먹으려고 쫓아왔구나 싶었는데 상주 부사 옆에 앉아 이야기를 나누는 것 보니 영 돌팔이는 아닌 듯싶었다.

"돌팔이 아이다. 몇 년 전에 홍적이 관상도 봐줬는데 올해 합격의 영광을 보게 될 거라 캤다. 내는 홍적이 자가 저래 하루아침에 급제할 줄은 꿈에도 몰랐데이. 이기이 다 운빨이다, 운빨."

정주부는 광대놀이를 보며 노상추에게 함께 무과 시험을 준비하자고 했다. 활쏘기 연습도 함께 하고 시험도 같이 보러 다니면 좋지 않겠냐고 했다. 가만 듣고 보니 정주부가 저 관상쟁이를 노상추의 집에 보내 무관으로 출세한다는 말을 해서 노상추가 자기와 무과 시험을 함께 준비하려고 한 게 아닌가 하는 의심이 들었다. 관상쟁이, 풍수 지사, 점쟁이는 귀를 솔깃하게 말을 해서 돈을 뜯어내는 사람들이 아니던가. 구경거리가 끝나고 집에 돌아오는 길에 노상추는 그나마 기분이 조금 나아졌다. 무관으로든 문관으로든 출세할 수 있다면 좋은 일이다. 내게도 볕이 들 날이 오고야 만다는데 기뻐해야겠지.

"상추야, 열흘 후에 니 혼례식 올리기로 했으이 준비해라."

"예?"

노상추는 깜짝 놀랐다. 아버지는 4월 28일로 혼례일을 정하셨다며 혼수를 장만하라고 하셨다. 노상추는 발바닥에 불이라도 나듯 개령, 김산, 구미에 서는 장을 돌아다니며 비단이나 명주 같은 혼수를 구하려 했지만 갑자기 구하려니 물건이 없어서 고생했다. 겨우 알음알음으로 혼수를 구해 혼례일 전날 나귀 등에 실어 종들과 함께 보냈다. 4월 28일 혼례 당일, 비가 조금씩 내렸다. 노비들은 삿갓과 도롱을 썼고 아버지와 완복이, 노상추는 유삼[14]을 입었다. 아버지께서는 말고삐를 쥐고 환하게 웃으시며 말씀하셨다.

"타거라. 내가 잡아 주꾸마."

---

14) 유삼: 기름종이로 만든 비옷

"아부지, 제가 하께예."

옆에 있던 완복이가 나서며 말했다. 노상추도 말했다.

"아부지, 하지 마이소. 제가 올라타면 됩니더."

"아이다. 니도 내 말고삐 안 잡아줬드나. 타거라."

아버지는 기분이 좋으셨다. 노상추도 아버지를 보고 환하게 웃고 바람처럼 말 안장 위로 올라탔다. 아버지는 노상추를 올려다보고 말씀하셨다.

"상추야, 새 장가 가이 좋나?"

"하모요. 아부지도 좋으십니꺼?"

"말이라 하나? 좋다. 아주 좋다."

아버지께서는 말고삐를 검쇠에게 맡기신 다음 옆에 말에 올라타셨다. 완복이가 노상추 뒤를 따라왔고 형수와 술증이, 희증이가 잘 다녀오시라고 인사를 했다.

"술증이, 희증이는 내 없는 동안에 게으름피우지 마고 시킨 공부 꼭 해놔라."

"예! 숙부님."

술증이와 희증이는 무서운 숙부가 며칠 집을 비운다고 하자 좋은지 연신 싱글벙글했다. 형수도 말을 탄 노상추를 따뜻한 눈길로 보며 말했다.

"여기 걱정은 마시고예, 혼례식 잘하고 오시소."

아버지가 앞장을 서셨고 노상추가 뒤를 따라 안동 하회 마을로 향했다. 노상추는 혼자 되신 아버지의 어깨가 지난번 장가가실 때보다 더 얇아진 것 같아 마음이 아팠다. 아버지는 요즘 들어 많이 쇠약해지고 계신다. 노상추는 아버지의 뒷모습이 커다란 산처럼 보였다. 장가를 가기는 가지만 실감이 나지 않았다. 요즘 마음이 너무 무거워서 그런지 꼭 남이 장가가는 데 따라가는 것 같았다. 이 결혼이 좋게 끝날 수 있을까? 이번에 결혼해서 얻은 아내가 아들 딸 주렁주렁 낳고 집안 살림도 야무지게 하고 내 과거 뒷바라지도 잘할 수 있을까. 사는 건 알 수가 없으니 말이다.

비가 점점 더 많이 내렸다. 날씨가 사나워지자 마음도 어두워졌다. 되는 게 없구나. 하필 혼례일에 장대비가 쏟아지다니. 이번 결혼도 순탄치 못하다는 징조가 아닐까. 아니야. 이런 생각을 하면 안 되지. 사내대장부가 약한 생각을 품어서는 안 된다. 노상추는 마음을 다잡아 가며 빗속을 뚫고 나아갔다. 낙동강 지류에 닿았을 무렵, 평소 같으면 말을 타고 건널 수 있는 깊이였지만 벌써 물이 불어나 있었다.

"얕은 곳을 찾아서 돌아갈까예?"

완복이가 물었다.

"아이다. 여기서 지체하모 오늘 혼례 몬 올린다. 빨리 가자."

아버지는 과감하게 강을 건너셨고 나머지도 따랐다. 물이 말의 배 아래까지 차 오를 때에는 정말 무서웠다. 신발이며 버선이며 바지며 저고리며 모두 강을 건너며 홀딱 젖어 비 맞은 생쥐꼴이었다. 간신히 강을 건넌 후 발걸음을 더욱 서둘렀지만 비는 아예 퍼붓기 시작했다. 강가의 한 정자에 들어가 비가 그치길 기다렸지만 비는 계속 내렸다. 지체할 수가 없어 다시 산길을 걷기 시작했는데 얼마지 않아 앞에 한 무리의 사람들이 다가왔다. 신부의 오빠들이 노비들을 데리고 마중을 나온 것이었다. 그들은 공손히 인사했다.

"비가 오는데 얼마나 고생이 많으셨습니까. 가시지요."

신부 오빠들은 장대비 속에서도 밝고 환한 얼굴로 노상추 일행을 맞이해 주었다. 그중에 신부의 큰오빠라는 선비는 노상추를 보고 마음에 든다는 듯 고개를 끄덕끄덕했다. 신부 측 사람들은 안동의 점잖은 선비들이었고 노상추는 그들이 장대비 속에서도 꿋꿋하게 서 있는 모습과 여유있는 미소를 보고 기분이 밝아졌다.

노상추 일행은 신시가 넘어서야 신부 집에 도착했는데 모두 비에 폭 싹 젖어서 바로 혼례를 하지 못하고 방에 들어가서 옷을 갈아입었다. 다행히 혼례복은 많이 젖지 않아 신부 쪽 여종들이 와서 가져가 정성 스레 손질하고 말려주었다. 저녁 즈음에 드디어 비가 그쳤다. 해가 저 물 무렵엔 구름이 걷혔다.

초저녁 즈음 혼례식이 시작됐다. 노상추는 신랑 방에서 기다리고 있 다가 마당으로 성큼성큼 걸어갔다. 아버지와 완복이가 옆에서 보고 있 었다. 곧이어 신부가 시중을 받으며 걸어 나왔는데 노상추의 심장이 크 게 뛰었다. 신부의 내리깐 눈과 이마가 고왔다. 긴장하는 마음에 손이 떨렸다. 혼례가 진행되면서 노상추는 연신 신부를 흘끔흘끔 쳐다봤다. 신부는 자그마한 체구에 여리여리한 눈매와 가느다란 입술을 가지고 있었다. 눈, 코, 입이 작으면서도 오밀조밀하여 귀여우면서도 매력이 있었다. 신부는 노상추를 보고 부끄러운지 눈도 뜨지 못하고 땅만 바 라보고 있었다. 눈부시게 귀여운 신부 앞에서 노상추 마음속 슬픔과 절 망은 순식간에 사라졌다. 노상추의 심장은 활화산처럼 용솟음치기 시 작했다. 그렇다. 삶은 이제 다시 시작하는 것이다. 새 사람과 새 인생 을 시작하는 오늘, 나도 새로 태어난다. 이렇게 아름다운 신부를 앞에 두고 어찌 절망하고 괴로워할 수가 있겠는가. 지나간 나날들이 아무리 괴롭고 슬펐을지라도 지나간 과거지사일 뿐이다. 귀신처럼 자신을 따 라다니던 어두웠던 과거와 그로 인한 미래에 대한 두려움은 신부 앞에 서 사라졌다. 이렇게 아름다운 신부와 함께 걷는 길이라면 그 어떤 것 도 두렵지 않았다. 노상추의 얼굴은 신부와 함께 할 미래에 대한 기쁨 으로 찬란하게 빛났다.

8. 붓을 던지다

1768년 · 무자년 · 영조 44년 · 5월 · 22세

신행을 마치고 집에 돌아온 노상추는 하회 장인댁에 두고 온 새신부 생각에 꿀단지를 숨겨놓은 아이처럼 신이 났다. 새신부는 몸집도 작고 목소리도 작지만 생각과 마음이 넓었다. 노상추는 첫날밤 아내에게 자기도 모르게 불쑥 마음속의 고민을 말했다.

"부인, 나에 대해서 아버님께 들으셨습니꺼?"

"예."

"두 번째 장가가는 남자라 싫지 않았습니꺼?"

직설적으로 말하는 남편을 보고 아내는 잠시 생각했다가 천천히 말했다.

"살고 죽는 것은 하늘의 뜻이지요."

노상추는 새신부의 대답이 마음에 들었다. 내친김에 더 물어보자 싶었다.

"내가 요즘 고민이 있소."

새신부는 내리깔았던 눈을 들어 노상추를 바라보았다.

"내가 과거 시험을 준비하는 것은 알고 있지요?"

"예."

"이 집안사람들은 모두 문과를 준비하지요?"

"아, 예."

"내는 문과를 준비하다가 마, 요즘에는 무과로 할까 생각하고 있습니더. 부인은 우예 생각하능교?"

새신부는 뜻밖의 질문에 당황하는 표정을 짓다가 이내 또박또박 말했다.

"지아비의 뜻을 따라야지예."

"문과 시험 볼 사람이라 안 카등교? 결혼해 보이 무관 시험을 보러 다닌다 카면 실망할까 봐 말하는 깁니더."

너무 솔직했나? 노상추는 너무 노골적으로 말을 했다 싶어 후회했다. 새신부는 머릿속으로 말을 다듬는 듯 잠시 뜸을 들였다가 나지막이 말했다.

"나라를 섬기는데 문과나 무과나 구별이 있겠습니꺼."

어린 신부의 뜻밖의 대답에 적잖이 놀랐다. 역시 선비의 고장, 안동에서 자란 여인이 생각하는 것과 말하는 것이 다르구나. 나라를 섬기고 임금을 섬기는데 문무의 차이가 있을 수 없다는 말은 노상추의 마음에 큰 힘을 불어넣었다. 이제까지 고민은 아무래도 주변에서 어떻게 볼까, 아버지가 실망하지 않으실까 하는 생각 때문이었던 것 같다. 문관을 높이 떠받들고 무관은 얕보는 마음 때문에 무관으로 전향하는 것이 쉽지 않았다. 하지만 새신부의 말 한마디에 노상추는 크게 깨달았고 자신을 옭아매던 편견의 족쇄가 부서져 나가는 것을 느꼈다. 이런 조언을 해줄 만큼 현명한 아내라니 천군만마보다 더 귀하지 않은가.

처가에서 이틀을 머문 뒤 집으로 돌아올 때 웃으며 배웅하던 신부의 얼굴이 노상추의 마음엔 항상 해처럼 떠 있었다. 신부는 가을이 되면 데려오기로 했는데 점잖은 체면에 장인에게 더 빨리 데려가고 싶다고 말도 못 하고 인사만 하고 나왔다. 초행 한 달 후, 노상추는 다시 신부를 만나러 가 마을의 친척 어른들을 일일이 찾아뵙고 인사를 드렸다. 되도록 많이 인사를 드리려 했지만 날이 너무 더워서 낮이 되면 집안에 머물러야 했다. 형님은 노상추를 데리고 안동의 유명한 병산 서원에 갔다. 병산 서원은 유명세에 걸맞게 선비들이 경건한 몸가짐이나 공부에 열중하는 태도가 다른 서원과는 비할 수가 없었다. 노상추는 역시 뛰어난 학자를 배출하고 문과 합격자를 다수 배출하는 데에는 이유가 있다고 생각했다. 병산 서원은 맑은 시냇가를 옆에 끼고 있어 정자에 앉아 공부하는데 머리가 절로 시원해졌다. 노상추는 병산 서원에서 하룻밤을 보내며 부귀영화를 멀리하고 오직 진리를 탐구하는 선비들에게 존경심을 갖게 됐다. 바로 이것이 양반이 추구해야 할 이상이요, 가치가 아니던가.

  병산 서원에서 치열하게 진리를 탐구하는 유생들의 모습에 큰 감명을 받고 집으로 돌아온 노상추는 며칠 후 선산의 금오 서원에서 유생들과 상소를 작성하고 있었다. 상소는 금오 서원에 배향한 신당 정붕 선생의 시호를 청하고 증직을 주십사 하는 내용이었다. 정붕 선생의 자손인 정 씨 유생들은 불만을 토로했다.

  "옆에 경주 옥산 서원에 배향된 회재 이언적[15] 선생께서는 선조께서 문원이라는 시호를 내려주셨다 아입니꺼. 그것도 그분의 서출 아들인 이전인이라는 자가 아버지의 글을 모아 문집을 내고 한양에 올라가 상소를 올려 시호도 받아내고 증직도 낸 깁니더. 그뿐입니꺼? 그 후손들이 줄기차게 경주 관아에 소지를 올려가아 노비도 받아내고 물자도 타내가아 옥산 서원을 그렇게 크게 만들었다 아입니꺼. 관비 소생의 서출

---

15) 이언적(李彦迪): 조선 중기 예조판서, 형조판서 등을 역임한 문신, 조선 성리학 정립에 기여한 인물로 평가.

자손들도 조상의 유업을 발전시켜서 옥산 서원을 저렇게 발전시켰는데 와 적통인 우리들은 이제껏 조상님 시호를 추증하는 상소조차 한번 올리지 않았던 깁니꺼? 이제 우리 금오 서원도 선산부에서 더 많은 지원을 받아내야 합니더. 강당도 더 크게 짓고 전답도 더 받아내고 노비도 더 받아내야 합니더."

"옳소!"

"마, 말이 나왔으니깨네 한마디만 더 하겠십니더."

이번 일로 한양에서 내려온 정곤 척장이 말했다.

"퇴계 선생님께서 이전인이 모아온 회재 선생의 글을 보시고 높이 평가하시고 서문을 써주시고 이전인의 호를 잠계라고 지어주셨다카는 바람에 그 후손들이 벼락출세를 해가아 지금 마 더 웃지 몬할 일까지 벌인다 캅디더."

"그기이 먼 일인고?"

허연 수염의 나이가 지긋하신 원로께서 물으셨다.

"이전인의 손자가 지금 조부 이전인을 회재 선생과 같이 옥산 서원에 배향해달라 상소를 올린다고 합니더. 경주 부사랑 마 짝짜궁이 맞아가아 그란다 카데예."

"뭐라꼬!"

금오 서원에 모였던 유생들은 나이와 지위를 막론하고 모두 분개했다. 이전인은 관비 소생의 서출이었다. 그가 아버지 회재 선생이 쓰신 글을 모아 문집을 발간하고 그의 학문적인 업적이 세상에 알려지도록 공헌한 것은 모두가 인정한다 하더라도 서원에 아버지가 배향됐다는 이유만으로 서출 자식까지 배향된다는 것은 있을 수가 없는 일이다. 노상추도 격분해서 말했다.

"이전인을 배향할 것 같으면 금오서원 사당에는 우리 가문 조상님들 위패로 터져나갈 깁니더."

신당 정붕의 후손, 정곤 척장이 말했다.

"마, 말이야 바른말이지, 이전인 그자가 아버지의 업적을 세상에 알린 기이 효심 때문이겠습니꺼! 아버지의 시호를 받고 문묘에 배향하고 서원을 건립하면서 이전인도 정삼품 예빈시정 벼슬을 받아 하루아침에 양반이 됐다 아입니꺼. 그기이 무신 효도겠십니꺼? 아버지 팔아서 팔자 고친 기이지. 양반 될라꼬 눈이 벌건 서출이 못 할 짓이 머가 있겠십니꺼?"

"암만!"

그때 낙봉서원 원장이 말했다.

"이전인의 애미 석 씨는 원래 이언적이 25살에 경주 교관으로 있을 때 이언적의 아이를 뱄는데 이언적이 떠난 후에는 임신 사실을 숨기고 조윤손이라는 무관의 첩이 됐습니다. 그래서 이전인은 조윤손의 서자로 살다가 조윤손이 죽었는데 재산을 모조리 본처 자식들에게 줘삐린 기라요. 그라이 얼마나 화가 났겠십니꺼. 마, 그래도 쪼매 나눠주기를 바랬겠지마는 그기 그래 됩니꺼? 지 아들이 한 푼도 몬 받고 쫓기 나게 되이 석 씨가 아들을 불러 놓고 느그 아부지는 조윤손이랑은 비교가 안 되는 양반, 회재 이언적 선생이라고 알려준 기라예. 그라이 이 자가 아부지가 유배되어 있는 평안도 강계꺼정 한달음에 달려간 깁니더. 그래가아 돌아가시기 전까지 겨우 몇 년 보살펴 드린 걸 가지고 서원에 배향을 할 것 같으면 서원에 배향 몬 받을 효자가 우데 있겠능교? 또 퇴계 선생께서 즈그 호를 잠계라고 해주셨다 카는데 이것도 다 지어낸 이야깁니더. 퇴계 선생 글을 아무리 뒤져봐도 잠계라고 호를 지어줬다는 내용은 어디에도 없고요, 이전인이 퇴계 선생과 나눴다는 서신의 글도 이언적에 대한 것만 있지 이전인에 대해서 퇴계 선생이 이러쿵 저러쿵 언급한 것은 없심더. 이전인이라는 자는 순 사기꾼인 기라요."

노상추는 세상이 골백번 뒤집힌다 하더라도 이전인의 서원 배향은 안 된다고 생각했다. 아무리 서출이 양반되고 양반이 서출만도 못한 세상이라 해도 서출이 양반 아비 글 팔아서 출세하고 퇴계 선생 이름을 팔아 서원에 배향되어 양반들이 그 앞에서 절을 하고 제사를 지내다니 이게 강상의 법도요 공맹의 길이란 말인가!

낙봉 서원 원장님은 이전인의 서원 배향을 막는 통문을 작성해서 주변 6개사원에 돌렸다. 정 씨 후손들은 신당 정붕 선생의 시호를 내려달라는 상소를 작성하여 한양에 올라가기로 했다.

"말세로다! 말세야!"

노상추는 집으로 오는 길에 세상 돌아가는 일이 너무나 한심해서 자기도 모르게 뇌까렸다. 서출이 서원에 배향되고 양반들이 그 앞에 절을 하다니 생각만 해도 분했다. 집에 돌아오니 아버지께서 초당채에 누워계셨다.

"아부지, 오늘은 서실에 안 계시고 우예 내려오싰능교?"

"오늘 관아에 다녀왔다 안 하나."

"관아에 댕겨오싰다꼬요? 와요?"

"말도 마라. 오늘 천지를 모르는 기녀 하나 때문에 이 고을이 말이 아이다."

"기녀요?"

"이번에 부사가 갈렸다 안하나. 전직 부사가 향월이라꼬 마 이 고을 기녀를 데려다가 첩으로 델고 살았다. 그란데에 몇 달 전에 향월이가 가마를 타고 관아로 들어가면서 그 앞에 있던 향사당을 지났다 카능기라. 향사당에는 이 선산 일대에 백발이 성성한 향원(鄕員)[16]들이 모두 모여서 향회를 하고 있었다꼬. 그란데 어른들이 보이 그 앞에 웬 가마가 요란하게 지나가거등. 향사당에서도 뻔히 보이는데 향월이가 창문

---

16) 향원(鄕員): 조선시대 지방 자치 기구인 향소(鄕所)를 운영하던 사족(士族)들의 명부인 향안(鄕案)에 입록(入錄)된 사람

을 빼꼼히 열고 담배를 빡빡 피워대면서 주변을 둘러보더란다. 그라더니 가마 앞에 가고 있던 즈그 오라버니라는 작자하고 머라머라 이야기를 하미 향사당 안에 어른들을 빤히 쳐다 보더이만 가마 창문을 닫고 그대로 가더란다. 그라이 마 어른들이 가만있겠나? 아무리 보고 들은 게 없이 자란 천한 기녀라 캐도 향원 어른들이 그래 모여 있는 향사당 앞을 지나갈 땐 가마에서 내려가아 몸을 낮춰서 지나가야지 우데 천한 것이 어른들을 아래로 내리깔아보미 지나갔겠노. 그래가아 어른들이 모두 한소리 하셨다꼬. 그랬더이 마 좌수(座首)[17] 문성목이 나가서 그 천하 것한테 가마에서 내리라꼬 호통을 쳤다꼬."

'가마에서 내리라. 여기가 우데라꼬 감히 가마에 올라타서 어른들 앞을 지나가노!'

좌수가 호통을 치니 그 오라비라는 자가 오히려 더 큰소리를 치더란다.

'아니 저런 돌상놈을 봤나! 이놈아, 넌 지금 사람 보는 눈도 없나? 부사님 부인께 어디라고 함부로 주둥이를 놀리는 게야? 니놈은 모가지가 열두 개 더냐?'

그러더니 가마의 창문이 열리고 향월이라는 기녀가 기고만장해 가아 말하더란다.

'나이도 많은 양반님네들이 집에 가만 계시면서 며느리 효도나 받을 것이지 어쩌자고 여기까지 나와서 길은 막고 그라는 기요? 고을 수령님 모시는 내헌테 이래 행패를 부리다니 아무리 시골 노인네들이라 캐도 사람 보는 눈은 있어야 할 거 아잉교?'

"그라이 마 난리가 났지. 어르신들이 마 윗사람 공경할 줄 모르는 저런 기녀는 향촌의 엄정한 율로 다스려야 된다꼬 목청을 높였지마는 수

---

17) 좌수(座首): 조선시대에 지방의 자치 기구인 향청(鄕廳)의 우두머리. 수령권 견제, 향원(鄕員) 인사권과 행정 실무 등을 담당.

령의 첩이니 함부로 할 수 있나. 그란데 이번에 부사가 갈리가아 그 부사는 한양으로 올라 가뿌고 새로 부사가 온기라. 그래가아 향원 어른들이 모두 관아로 달려가 가아 새로 온 수령에게 향월이를 향촌 내에서 연장자에 대한 예의를 지키지 않은 죄로 처벌하겠다꼬 난리를 쳤다꼬. 새로운 부사가 이 일대를 잘 다스릴라 카면 이 동네 양반들의 협조가 많이 필요하다 아이가. 그라이 마 우야노? 동네 어르신들의 청을 받아들이가아 향월이랑 그 오라비라는 작자를 잡아들잉 기라."

"그래서 오늘 관아에서 무슨 일이 있었는데예?"

"오늘 향원 어른들이 오십 명이나 모있드라. 내도 오라 캐서 그 꼴을 봤는데 마 두 눈 뜨고 몬 보겠더라꼬. 새로 온 부사가 연장자에게 예를 갖추지 않은 죄로 향월이랑 그 오라비를 형틀에 매고 곤장을 이십 대를 쳤거든. 그라고 풀어줄라 캤는데 마, 향월이 가가 좀 가만 있지는 안 하고 어른들한테 고래고래 소리를 지르고 욕을 퍼부은 기라."

'늙은 게 무신 벼슬이라꼬 이래 무고한 사람을 형틀에 매어 곤장을 치노! 야 이 썩을 것들아, 늙어도 더럽게도 늙어가아 이기 무신 짓이고오. 하늘이 두렵지도 안 하나.'

"향월이가 악을 악을 쓰이까네 향원 어른들이 마 이대로 둬서는 안 되다 카면서 수령에게 향월이를 향사당에 끌고가서 향회의 이름으로 직접 처벌하겠다 카는 거라. 내는 속으로 마 여기서 끝을 내지 와 저라노 싶더라."

"그라이 부사가 머라카등교?"

"새로 온 부사도 일 처리가 야물지 몬 하더라. 거기서 다 집에 가라 카고 일을 끝냈으면 얼마나 좋았겠노 말이다."

"와요? 큰일이 벌어졌능교?"

"향월이랑 오래비를 마 칼에 씌어가 향사당으로 끌고 가서 향원 어른들이 곤장을 들고 직접 한 명당 다섯 대씩 더 때리 뿌렸다."

"머라꼬요? 아부지도 그라면 때리셨십니꺼?"

"우데! 내 차례가 오기 한참 전에 향월이는 죽어뿌고 그 오래비도 몇 대 더 맞더니 숨이 끊어져 뿌리더라꼬."

"그라면 시신은 우옛능교?"

"관아에서 나와가 가지고 갔다."

아버지는 보고 싶지 않은 꼴을 봐서 영 기분이 찝찝하신지 인상을 찌푸리셨다.

"향월이가 목숨이 끊어지기 전에 갑자기 눈을 부릅뜨더니 어른들에게 창자가 찢어질 듯이 소리를 지르더라꼬."

'원통하다! 느그 늙은이들, 이 원한을 꼭 되갚아줄끼다. 느그들 살가죽 한 점 한 점 다 찢어어 죽이뿌릴끼다! 발기발기 찢어죽일끼다…….'

"그 소리를 들으이 내사 소름이 끼치더라꼬. 사람이 죽어도 곱게 죽어야지 그기 머꼬. 향월이도 잘못했다 카면 되는 거를 그래 악을 쓰고 어른들게 덤벼드이 지가 지 명줄을 자른 기지."

"마, 입맛이 뚝 떨어집니더. 아부지는 다른 어른들처럼 곤장을 안 쳤으이 다행입니더."

"관아에서 곤장 스무대로 끝났시믄 죽지는 안 했을 끼이다. 기녀 하나 죽인다꼬 좋아질 기이 머가 있겠노. 따지고 보면 가마에서 안 내려왔다는 것뿐인데 죽일 것까지 없었다 싶다. 시건방지니까네 기녀지 예와 도를 숭상하면 그기이 정경부인이지 기녀겠나."

"공맹의 도는 양반들이나 따르는 기이지 우예 기녀 같은 천출이 따르겠십니꺼. 무식한 상놈들은 교화하기가 어렵심더. 얼마나 거칠고 교활하다꼬요. 죽어가면서 꺼정 그래 저주를 퍼부으이 어른들께서도 영 기분이 안 좋으셨겠네요."

"안 좋다 뿌이가. 두 눈깔이 튀어나와 가아 있는 대로 소리를 쳐지르미 입에서 피를 토하고 죽는데 마 마, 꿈에 볼까 무섭다. 오늘 우리 동네 어르신들 잠자리가 뒤숭숭할 끼다."

뜨거운 여름, 농번기에 노상추는 신부를 보러 다니랴 농사일을 하랴 무척 바빴다. 한번은 신붓집에서 돌아오는 길에 율리에 있는 첫째 부인의 집을 방문했다. 장인어른께서는 노상추의 손을 잡고 하염없이 눈물을 흘리셨고 사흘 동안 극진하게 대접하셨다. 사람의 일이라는 게 몇 년 만에 이렇게 변할 수 있을까. 몇 년 전 임신한 첫째 부인을 데려다주러 왔을 땐 지금 이렇게 여기를 오게 될 줄은 꿈에도 몰랐다. 그때 이곳 친척들은 모두 임신을 축하해주고 기뻐해줬는데 지금 첫째 부인과 아이는 세상을 떠났고 노상추는 다른 여인의 지아비가 되어 있다. 사흘 내내 첫째 부인의 식구들이 찾아와 인사했고 모두 노상추의 새출발을 축하해주었다. 하지만 노상추와 가까웠던 처남 손군선은 과거 시험 공부로 산사에 있다며 내려오지 않았다. 율리 집을 떠날 때 장인께서는 진심으로 행복을 빌어주셨다.

"하루라도 빨리 자식을 낳아 가문의 대를 이어야지, 암. 행복하게 잘 살게나. 그게 내 딸을 위하는 길 아이겠노. 찾아와줘서 고맙네."

장인어른과 처가 식구들은 모두 동네 밖까지 노상추를 배웅해 줬고 고개를 넘어가기까지 지켜봐 주었다. 하지만 손군선은 끝내 오지 않았다. 누이는 죽고 새 장가간 노상추가 반갑지 않았을 것이라는 마음은 이해하지만 그래도 죽은 누이의 제사를 지내는데, 와서 인사라도 했으면 좋았을 것이다.

7월로 접어들 무렵, 노상추는 달신이 형이 한양에서 돌아왔다는 소식에 고남에 가서 함께 술을 마셨다. 달신 형은 과거에 급제한 지 벌써 오 년이 지났지만 아직도 관직을 받지 못해 선달이었다. 이번 도목정사에는 반드시 천거된다는 일념으로 한양에 가서 병조판서 집에 매일 가서 얼굴을 비추며 부탁을 했건만 또 천거 받지 못하고 내려왔다.

"오고 가며 쓴 돈이 얼마고. 몇 년 전에 도문연을 여는 바람에 쓴 돈이 오백 냥이다. 그란데 이걸 갚지를 몬해가아 빚만 늘어가고 내가 정말 미쳐부리겠다."

달신이 형은 연신 우는 소리였다.

"젠장할. 때거리도 없는 집에서 땅에다 머리 처박고 농사나 지을 것이지 내가 무슨 지랄 났다꼬 과거를 봤겠노 말이다. 상추야, 니는 절대 무관 시험 보지 마라. 내 겉이 되면 클 난다. 집안 살림이나 착실하게 불리고 식솔들 건사 잘하는 기이 최고다."

"쫄장부 겉은 소리 하지 마소. 홍패 받고 좋다 칼 땐 언제고 천거 몬 받았다꼬 팬히 붙었다 카는 거는 또 뭡니꺼. 때가 되면 다 됩니더. 술이나 드시소."

노상추는 달신 형의 잔에 동동주를 가득 채워줬다. 달신 형은 술을 단숨에 들이킨 후 눈물을 흘렸다.

"내사 마 우리 어무이 보기가 민망해가아 몬 살겠다. 매번 한양 올라갈 때마다 노잣돈을 쥐어주는데 이번에는 참말로 돈이 없던지 머리카락을 잘라 팔아뿌린 기라. 세상에 내가 이래 불효할지 알았겠노."

노상추도 마음 아팠다. 천거되지 못하는 무관 합격자는 낙동강 오리알 신세다. 요즘 조정에서도 인사 적체가 심히 과거에 붙어도 임용되기가 어려웠다. 정주부는 달신 형을 위로하며 말했다.

"달신아, 겨우 사오 년 가지고 뭘 그래 쌓노? 십 년 기다리는 사람도 많다."

"상추야, 내가 니헌테 무관 시험 보라 캤던 거 취소다. 문관 시험 봐라."

"무관 시험 볼라 카는데."

노상추의 대답에 달신은 깜짝 놀라며 말했다.

"니 진짜가?"

"상추, 야 며칠 전부터 고남 활터에 매일 나와서 활 연습하고 있다.

잘한다. 매일 매일 실력이 일취월장한다 안 하나."
 정주부가 말했다. 달신은 놀란 얼굴로 물었다.
 "와, 니 진짜가? 와 마음을 바꿨노?"
 "내 실력을 내가 알기가 글보다는 활이 더 분명하다. 활은 과녁만 맞히면 되잖아. 글은 아무리 해도 느는 건지 마는 건지 모르겠더라."
 달신형은 크게 웃으며 노상추에게 말했다.
 "잘했다. 다음에는 내랑 같이 한양에 가자! 같이 갈 사람 생겨서 참말로 좋구마는!"
 "하지 말라칼 때는 언제고 그 자리에서 말을 그래 바꾸노?"
 "같이 다니모 이제 노잣돈 아낄 수 있겠다. 잘됐다."
 "이유가 그기가?"
 노상추는 좋아하는 달신 형을 보며 술잔을 기울였다. 한 잔 쭉 마신 후 정주부에게 물었다.
 "그때 정곤 척장님께서 정붕 선생님 시호 받으러 한양에 올라가셨는데 우예 됐능교?"
 "말도 마라. 임금님께서 시호는 택도 없다 카셨단다. 마, 벼슬이 청송부사 정도까지밖에 몬 올라가셔서 그란지 임금님은 신당 선생이 누군지도 잘 모르시는 갑더라. 퇴계 이황 선생께서는 우리 정붕 어른을 인정해 주셨다 카는데 마 이렇다 하게 내세울 저서도 없어가아 더 상소도 몬 올리고 내리오셨다."
 "회재 이언적 선생은 예조판서, 형조판서에 좌찬성까지 지내셨으니 임금님 가까이 오래 있었다 아이가. 또 벼슬에서 물러나신 후에 책을 여러 권 쓰셨는데 그 책들을 임금님과 조정 대신들이 다 읽으시고 조선 성리학의 선구자라 칭찬했다 카이 아무래도 정붕 선생과는 쪼매 차이가 있기야 있는 기이 아이겠노."
 정선달이 이렇게 될 줄 알았다는 듯이 말했다. 노상추는 금오서원이 되는 일이 없는 것 같아 실망하여 시무룩하게 말했다.

"그래. 그래도 마, 살아있는 사람한테 주는 관직은 없어 못 준다 캐도 죽은 사람에게 주는 시호는 머가 그리 아깝다꼬 누구는 주고 누구는 안 주는고."

"그래 말이다. 정곤 척장님이 한양에서 상소 올리셨다가 안 된다는 비답을 받고 내려 오시가아 요즘 자리보전하고 누우셨단다. 정씨 집안은 요즘 분위기가 안 좋고 금오 서원 원장님도 지금 낙담을 하셔가아 강론도 몬 하신단다. 서재도 새로 짓고 강당도 보수할라 캤는데 다 물 건너갔다 카더라. 요즘 우리 고을 양반들 꼴이 말이 아이다. 그 양반 뿐만 아니고오 지금 낙봉 서원 원장님도 경주 관아에 끌려가있단다."

"와? 무슨 일로?"

노상추가 깜짝 놀라서 물었다.

"그때 우리 경상도 일대에 여섯 서원의 유사들이 모여서 서출 이전인의 서원 배향을 막아야 한다꼬 일대에 통문을 다 돌렸다. 그란데 경상도 관찰사께서 그 통문을 읽으시고 조선 성리학의 선구자이신 이언적 선생을 욕되게 했다꼬 역정을 내셔서 경주 관아에 날벼락이 떨어졌다 카더라. 그래가아 통문을 돌린 여섯 서원 원장들을 모두 감옥에 하옥하고 재판한다 카는데 그중에서도 제일 심한 글이 낙봉 서원 꺼라 카더라."

노상추는 금오 서원에서 낙봉 서원 원장 어른이 목에 핏줄을 세우며 분개했던 것이 생각났다. 회재 이언적의 서출 아들 이전인의 서원 배향을 거부한 것이 경상도 관찰사의 심기를 건드리다니 이언적이 그렇게 대단한 사람이었던가. 노상추는 의아했다. 영남의 유생들이 상대를 잘못 잡았다. 이언적은 건드리지 말았어야 했다. 경주 출신의 회재 이언적이라는 인물의 역사적 학문적 위상을 같은 영남 유생들이 제일 몰랐다. 하룻강아지는 원래 범을 몰라보는 걸까.

"지금 경주 감영에 잡혀들어간 원장님들 옥바라지 하느라꼬 난리가 났다. 집집마다 돈을 걷어서 원장님들 옥바라지 하고 유생들은 서원에 모이가아 즈그 원장님 풀어달라꼬 소지를 쓰고 있다."

"이 일을 우야노. 나이가 지긋하신데 감옥에서 고초를 견뎌내시겠나?"

"마, 아직 형벌이 정해지진 않았으이까네 별 탈은 없으시다 카더라꼬."

"큰일 났구마는. 통문 한번 잘못 돌렸다가 황천길 가게 생깄다."

"그래. 상추 니도 통문 돌리고 소지 쓰고 하는데 끼지 마라. 무신 화를 입을 라꼬."

노상추도 씁쓸하게 웃으며 말했다.

"내도 안다. 우리 집안에도 조상 한 분이 상소 한 번 잘못 올린 바람에 가문 닫아 뿌릴 뻔 했다 아이가."

"우리도 다들 몸 사리고 살아야 된데이. 요즘 양반들 꼴이 말이 아이다."

"세상이 우예 될라꼬 이라는가 모리겠다."

진정한 양반의 수난 시대는 바야흐로 며칠 후 활짝 열렸다. 노상추의 아버지 노철이 관아에 출두 명령을 받은 것이었다. 선산부에 암행어사가 출두하여 기녀 향월이의 죽음에 관여한 모든 자들을 다 잡아들이라는 엄명을 내렸다. 벌써 어느 몇몇 집에는 포졸들이 들이닥쳐 나이 많은 양반들을 포승줄로 매어 잡아갔다. 노상추는 관아에서 떨어진 출두 명령서를 읽고 손이 떨렸다. 노철은 기녀를 장으로 때리지는 않았으므로 잡아가지는 않았지만 몇 날 며칠에 출두하여 관아의 처분을 받으라는 통지를 받았다.

노상추는 아버지를 모시고 관아로 갔다. 동헌에는 암행어사가 앉아 있었는데 그는 몇 년 전 선산의 부사를 지낸 인물이었다. 암행어사 옆으로 고을 수령과 아전들이 늘어서 있었다. 동헌 앞마당에는 포졸들이 마당을 둘러싸고 있었고 마당 중앙에는 형틀이 줄지어 늘어서 있었다. 그 뒤에는 향원들이 모두 대령하여 암행어사의 분부를 기다리고 있었는데 노철도 그중에 앉아 있었다. 암행어사가 일어서서 말했다.

"선산부 향원들은 듣거라. 나 암행어사 김치굉은 조정의 명을 받아 선산부에서 지난 달 기생 향월이와 그 오라비 박적두를 가마에서 내리지 않았다는 죄로 죽음에 이르게 한 향원들의 죄를 처벌하기 위해 내려왔다. 죄인들을 모두 형틀에 매라!"

포졸들은 감옥에서 향월이를 장으로 때린 향원들을 끌어냈다. 향원들이 나오자 앞마당에는 곡소리가 흘러나왔다.

"아이고, 아부지! 이게 무슨 일입니꺼?"

"아부지요, 아부지요. 살려주이소, 살려주이소."

노상추와 향원 식구들은 포졸들이 쳐둔 줄 밖에서 모두 자기 아버지를 보고 울부짖었다. 향원들은 며칠 동안의 감옥 생활로 초췌했다. 기녀에게 호통을 쳤던 좌수 문성목이 형틀에 제일 먼저 묶였다. 문성목은 울부짖었다.

"암행어사 나으리, 그 기녀는 천출임에도 향원 어르신들 앞에서도 가마에서 내리지 않고 오히려 기고만장하여 저와 향원 어르신들에게 욕을 서슴지 않는 무도한 년이었습니다. 그 기녀 한 명 죽은 일 때문에 암행어사가 출두하시고 우리 고을의 향원 어르신들을 이렇게 욕보여도 되는 깁니꺼? 기녀에게 벌을 주어 향촌의 질서를 바로잡으려 했던 향원 어른들이 무신 죄가 있다고 이렇게 욕을 보이십니꺼! 이기이 향촌 질서를 바로 세우는 깁니꺼!"

암행어사는 문성목을 노려보며 말했다.

"죄인 문성목은 들으라. 국법에 죄인이라도 만일 아녀자가 임신한 상태에서는 형을 집행해서는 안 되느니라. 그 기녀는 전 선산 부사의 아이를 배고 있었느니라. 너와 이 고을 향원들은 사사로운 원한으로 임산부와 태아를 죽인 살인죄를 범했다."

임산부였다니! 노상추는 큰 충격을 받았다. 그 기녀가 감히 나이 많은 향원들을 대놓고 모욕할 정도로 기고만장했던 것은 필시 배 속에서 자라는 아이 때문이었을 것이다. 기녀의 죽음은 분명 아이의 아비인 전직 선산 부사의 원한을 불러일으켰을 터이고 그가 움직여 조정에서 암행어사를 내려보냈음이 분명하다. 노상추는 눈을 감았다.

'큰일 났구나. 이 일을 우야노.'

"임산부에게 장형을 가해 죽인 죄수 문성목을 장형 100대에 처한다."

암행어사의 말에 마당에 모인 사람들은 모두 곡을 했다.

"아이고, 아이고, 아이고……."

"또한 임신한 여인을 잡아다가 사사로이 장을 친 향원들도 모두 장백 대에 처한다."

"아이고, 아이고……."

향원의 가족들은 모두 하늘이 찢어질 듯 비명을 지르며 곡을 했다. 포졸들은 사정없이 향원들을 형틀에 매고 장을 치기 시작했다.

"따악! 따악! 따악!"

"억, 으억, 으어어어……."

"이런 법은 없소. 이런 법은 없소……."

어떤 이는 곤장을 맞으며 비명을 지르기도 했고 어떤 이는 눈을 부릅뜨고 암행어사의 부당한 처사에 항거하기도 했다. 하지만 곤장이 열 대가 넘어가고 스무 대에 이르자 피가 튀기고 살점이 떨어져 나가 기절하는 어른들이 나왔고 사십 대 오십 대에는 이미 축 늘어져 살아있는 기미가 안 보이는 사람도 있었다. 암행어사는 독한 표정으로 물러서지 않고 동헌 마루에 서서 형이 집행되는 것을 내려다보았다.

"나머지 향원들은 들으라. 그대들은 직접 죄를 짓지 않아 집으로 보내줄 것이다마는 모두 오늘의 이 사태를 거울삼아 다시는 이같은 일이 벌어지지 않도록 각별히 경계할 것이다!"

　노상추는 동헌 마당에서 축쳐져 있는 동네 어르신들을 뒤로 하고 노철과 함께 집으로 돌아왔다. 다음 날 들으니 선산 부사는 법에 따라 향촌 질서를 어지럽힌 죄로 기녀와 그 오라비를 장 이십대로 처벌하였으며 향회에서 기녀와 오라비를 데려가 죽인 일에는 결코 관여하지 않았다고 발뺌하여 유배형에 처해졌다고 한다. 노상추는 새로 온 부사가 모든 일의 책임을 향원들에게 전가하는 것을 보고 분통을 터뜨렸다. 그 부사만 일을 똑똑하게 했어도 이 지경이 되는 것은 피할 수 있었다. 며칠 후 장형을 맞아 그 자리에서 죽은 사람, 장독에 올라 집에 와서 죽은 사람해서 벌써 다섯 명의 향원이 목숨을 잃었다는 소식을 들었다. 선산은 골짜기 골짜기마다 곡소리가 울려 퍼졌고 이집 저집 초상을 치러 문상하러 가느라 노상추는 몸이 열 개라도 모자랐다. 양반을 이렇게 핍박하다니 노상추는 너무나 원통했다.

　'이기 이기 무신 일이고. 천출 기녀 한 명 때문에 고을의 향원 어른들이 다섯 분이나 목숨을 잃고 부사가 유배를 가다니 이게 도대체 어느 나라 법인고. 강상의 도를 바로 세우려 한 양반들을 암행어사가 내려와 곤장을 쳐 죽이다니 이런 법은 어느 나라에도 없다. 아, 말세다, 말세야.'

9. 활을 잡다

1768년 · 무자년 · 영조 44년 · 11월 · 22세

    11월이 중순, 사나운 바람 소리에 노상추는 눈을 떴다. 신방에서 일어난 노상추는 옆에서 자고 있는 신부를 내려다보았다. 노상추는 아내에 관한 모든 것이 애가 쓰였다. 일이 너무 고되지 않을까, 낯선 시집에서 살기 힘들지 않을까 염려됐다. 노상추는 지난 9월 안동 하회 마을에 있는 처가로 아내를 데려오기 위해 보낼 신행을 준비할 때부터 유난스러웠다. 해평에 사는 최진사가 이 일대에서 제일 화려한 가마를 가지고 있다 해서 빌려 왔지만, 지붕이 낡고 부서져 있었다. 노상추는 공인을 불러 가마를 깨끗이 손질하고 색을 다시 칠하도록 했다. 가마 위에 덮을 호랑이 가죽을 구하려고 백방으로 노력했지만 끝내 구하지 못해 속상했다. 진짜 호랑이 가죽이 덮여 있는 가마를 보냈다면 하회 마을의 처가 식구들 앞에 면이 섰을 것이다. 노상추는 급하게 호랑이를 그린 담요를 빌려서 가마를 덮었고 말을 아홉 마리나 빌리고 노비를 열 명이나 구해서 등롱과 휘장을 들게 했다. 신부를 데리러 가는 일은 아버지께서 맡아주셨다. 온갖 물품 구하느라 선산과 구미 일대를 발바닥

에 불이 나듯 돌아다녔고 돈도 억수로 썼지만 신행 행렬이 생각만큼 성대해 보이지 않았다. 노상추는 신행 행렬을 이리저리 돌아다보며 완복이에게 말했다.

"호랑이 담요가 쪼매 유치해 보이지 않나? 호피를 구했시믄 좋았을 낀데."

"마, 이만하면 됐소."

같은 말을 수도 없이 반복하는 형님을 바라보며 완복이가 인제 그만 출발하는 게 좋겠다는 듯 말했다. 아버지는 말에 타신 후 성에 차지 않아 하는 노상추를 보며 빙그레 웃었다.

"원, 녀석."

신부는 며칠 후 노상추의 집에 도착했고 노상추는 드디어 두 번째 부인과 신혼살림을 시작했다. 어머니께서 계시지 않고 아버지께서도 집보다는 서실에 거하실 때가 많아 신부의 시집살이는 다소 적적했다. 하지만 신부는 조용조용하면서도 부지런히 일하고 노비들 단속도 잘하여 집안이 점점 정갈해지고 살림살이가 빛을 내기 시작했다. 신부 한 사람의 온기가 삭막했던 집안에 활기를 불어넣었다. 신부는 형수에게도 공손하게 대했고 두 조카에게도 다정했다.

'그래도 내가 처복은 타고났는 갑다. 이래 훌륭한 규수를 처로 맞이하다이……'

"아, 벌써 일어 나셨습니꺼?"

신부는 뒤척이다가 남편이 자신을 내려다보는 것을 알고 벌떡 일어났다.

"아니오. 더 주무시오."

"아입니더. 옷 가져 올께예."

노상추는 아내가 손질해 둔 저고리와 바지로 갈아 입고 머리를 빗었다. 망건의 줄을 팽팽하게 당기고 유건을 쓴 다음 사랑채로 나가 공부를 시작했다. 이젠 사서오경을 읽는 게 아니라 서애 류성룡의 징비록, 병법서 등을 읽는다. 문관 시험을 준비할 때는 아무리 공부해도 실력이 느는 것 같지 않아 괴로웠는데 이상하게 무관 시험을 준비하면서부터 책 내용이 머리에 잘 들어왔다. 철학적이고 난해한 문과 서적에 비하면 무과 서적은 내용이 명쾌하고 이해하기 쉬웠다. 노상추는 자신감이 붙기 시작했다. 실기 시험인 활쏘기, 기추, 조총 쏘기 등도 차차 준비해 가야 하지만 이상하게 잘될 것 같았다. 고남 활터에서 활을 처음 잡는 순간부터 알았다. 활이 손에 착 감길 때의 느낌이 왜 이제야 왔냐고 활이 말을 거는 것 같았다. 붓을 잡았을 때는 한번도 느껴보지 못한 확신이었다. 붓을 잡고 있었을 때는 깊은 산속을 마냥 헤매는 느낌이었다. 하지만 활을 잡고 나니 산 정상이 정확히 시야에 들어왔고 자기가 서 있는 곳의 위치와 나아가야 할 방향이 명쾌하게 보였다. 노상추는 전에 느끼지 못했던 미래에 대한 확신이 들었다. 이 모든 것은 바로 신부와 보낸 첫날 밤 신부가 한 말에서 시작됐다.

'나라를 섬기는 데에 무관이나 문관이나 차별이 있겠습니꺼.'

백만대군이 뒤에 있다 한들 그 한마디 말보다 더 힘이 되었으랴. 노상추는 맹목적으로 매달렸던 문과 합격의 꿈을 접고 자신에게 꼭 맞는 무관 합격의 목표를 향해 질주하기 시작했다. 지난주에는 고남 활터에서 신고식도 했다. 달신 형이 고남 활터에 술과 고기를 가져가서 동접들에게 신고식을 해야 한다는 말을 듣고 노상추는 처음엔 구차해 보여 싫었다. 하지만 그들과 친해지는 게 좋겠다고 생각하고 이왕 할 거면 화끈하게 하자 싶어 노비들을 시켜 막걸리 한 동이, 수육 닷 근, 백설기 떡 한 말을 준비해 활터에 가져갔다. 그전까지 활터 사람들은 노상추를 경계하는 듯 했지만 뜻밖에 엄청난 음식을 보고 눈이 휘둥그레졌다. 떡과 고기를 배가 터져라 먹고 술을 진탕 마신 후에 모두 노상추에게 친절해졌고 활쏘기에 대해 여러 가지 알려줬다. 그 이후부터는 매일 활터에 나가 활을 쏘았다. 오전이든 오후든 농사일을 감독하고 집안일을 돌보다가도 비는 시간이 생기면 무조건 활터에 나갔다. 공부는 주로 새벽이나 밤에 하고 낮에는 집안일과 활쏘기에 전념하니 몸과 마음이 건강해졌다.

아침이 밝아오고 있었고 노상추는 징비록을 읽다가 살풋 잠이 들었다. 그런데 갑자기 누가 문을 열고 들어오더니 노상추 앞에 광주리를 놓고 나갔다. 광주리 안에는 노란 귤이 들어 있었다. 노상추가 누가 이런 걸 보냈냐고 물으려 했지만 사라지고 없었다. 큰 광주리 안에 노랗게 익은 귤이 있었다.

'귀하디귀한 귤을 이렇게 두고 가다니……. 가만 이기이 다 몇 개고? 하나, 두울, 서이…… 열다섯! 열다섯 개구마.'

노상추가 눈을 번쩍 뜨니 꿈이었다. 귤은 제주도에서 나는데 이런 시골에서는 맛볼 수 없는 귀한 과일이다. 귤은 임금님께서 성균관 유생들과 신하에게 내리는 특별한 하사품이다. 황감제라 하여 임금님께서는 매년 제주도에서 귤이 올라오면 성균관 유생들에게 나눠주고 시제를 내어 시, 부, 표 중 하나를 써내도록 하는 약식 과거 시험을 친다. 임금께서는 직접 장원을 뽑으시고 장원에게는 정식 문과 시험에서 바로 회시를 볼 수 있도록 해주신다. 귤은 백성이 임금께 바치는 최고의 진상품이었고 임금님은 이 진상품을 유생들에게 나눠주시며 백성과 신하를 사랑하는 마음을 표현하신다.

'필시 이 꿈은…….'

그렇다. 노상추는 귤을 내리신 분은 다름 아닌 임금님이시라 생각했다. 관운이 열린다는 뜻이 아닐까. 그렇다면 왜 열다섯 개였을까? 열다섯이 뭘 의미하는 걸까? 노상추가 생각에 잠겨 있을 때 밖에서 소리가 났다.

"서방님, 아침 식사하이소."

"아, 알겠소!"

노상추는 사랑채에서 나와 아내와 함께 신방으로 갔다. 형수도 두 조카와 함께 방에서 식사하는 소리가 들렸다. 노상추는 신방으로 들어가 아내와 식사했다. 아내는 옆에 앉아 노상추가 식사하는 것을 시중들어 주려 했지만 노상추는 손사래를 치고 둘이 있을 때는 같이 먹자고 했다. 아내는 조기를 찢어서 노상추의 밥 위에 얹어 주었다. 노상추는 조기 살점을 더 크게 찢어서 아내의 밥 위에 얹어주었다.

"아입니더. 서방님 드시야지오."

"어허! 빨리 드시오."

아내가 조기 살점을 노상추에게 다시 돌려주려 하자 노상추는 화를 냈다. 아내는 생글거리며 조기와 밥을 먹었다. 노상추는 아내에게 아침에 꾼 꿈에 대해 말해줬다. 아내는 길몽이라며 귤을 열다섯 개나 얻었으니 재운과 관운이 따를 것이라 했다. 즐거운 마음으로 맛있게 식사하고 노상추는 문을 열어 잇분이를 불렀다.

"상 내어 가거라."

"제가 해도 됩니더."

아내가 말했다.

"아니요. 무거운 상을 들고 나르는 일은 여종들이 해야지."

잇분이가 입을 삐죽거리며 들어와 상을 내어 갔다. 노상추가 신방에서 걸어 나와 사랑채로 가는 길에 안채 마루에서 우두커니 서 있는 형수가 보였다. 형수가 말했다.

"깨가 쏟아지네예."

잇분이를 따라 방에서 나오던 아내는 형수를 보고 부끄러운 듯 고개를 숙이며 부엌으로 들어갔다. 형수는 무표정하게 아내를 보다가 방으로 들어갔다. 노상추는 멋쩍게 웃으며 사랑채로 와서 외출 준비를 했다. 아내가 갖다 놓은 도포를 입고 갓을 쓰는데 무표정하게 마루에 서 있던 형수의 표정이 마음에 걸렸다.

'두 아들이 저래 잘 자라고 있시믄 마 이게 내 복이다 생각하고 웃는 얼굴로 살아주면 얼마나 좋겠노. 새 사람 앞에서 와 저래 저승사자 겉은 표정으로 서 있을꼬. 새어머니가 시집오셨을 때도 그래 얼굴을 찌푸리고 있더니만 또 저란다. 으휴…….'

11월 6일은 송계(松契)[18]가 있는 날이었다. 노상추는 점발이와 검쇠를 데리고 문중산에 가서 산소 주변을 둘러보았다. 며칠 전 점발이가 문중산 소나무를 누군가 자꾸 베어간다고 해서 직접 보러 온 것이었다. 노상추는 조부의 산소 뒤쪽으로 백년도 넘은 소나무가 무려 세 그루가 잘려간 것을 확인했다.

"감히 누가 소나무를 베어갔노 말이다."

노상추는 분에 차 마을로 내려왔다. 마을 정자나무 앞에는 송계를 위해 마을 사람들이 나와 있었다. 마을 사람들은 오늘이 곗날이라고 떡과 고기, 술을 가져와 차리고 있는데 뜻밖에 노상추가 분기탱천해서 내려오자 당황했다.

"지금 문중산에 소나무를 세 그루나 베어 간 놈이 누군지 찾아내야 한다."

노상추가 독이 올라 쏘아대자 마을 사람들은 모두 뚱한 표정으로 서 있었다.

"누고? 누가 베어갔노?"

노상추가 다시 쏘아붙이자 그중 하나가 떠듬거리며 말했다.

"지들은 마 솔방울이나 모아 왔지 소나무를 벤 적은 없심더."

"맞습니더. 우리는 그란 적이 없심더."

노상추가 화가 나서 다시 소리질렀다.

---

18) 송계(松契): 삼림 보호와 이용을 목적으로 특정 지역 산을 중심으로 조직한 계

"시치미 떼지 마라. 저렇게 큰 소나무를 세 그루나 베어 갔는데 틀림없이 누가 봐도 봤다. 누고? 누고?"

노상추가 쉽사리 물러서지 않을 태세를 보이니 숯쟁이 만덕이가 말했다.

"며칠 전에 저 웃동네에 사는 김언청이가 소나무 가지들을 잔뜩 가져와서 지한테 팔았심더. 하는 꼴을 보이께네 남우 산에서 지 맘대로 소나무를 비이 가아 비싼 값에 팔았는지 희희낙락합디더. 지헌테는 마 잔 가지들 잔뜩 모아가지고 와서 사라 캅디더."

김언청은 상놈인데 이 동네에서 남의 집 논을 부쳐 먹으며 어렵게 사는 소작민이었다. 노상추는 만덕이를 앞세워서 김언청의 집을 찾아갔다. 만덕이는 김언청의 집을 가르쳐 주고는 자기가 고자질 했다고 절대 말하지 말라고 하고 부리나케 도망갔다. 노상추는 김언청의 집 앞에 가서 크게 소리쳤다.

"이리 오너라! 이리 오너라! 언청이 게 있느냐?"

부엌에서 김언청의 처가 뛰어나왔다.

"아이 무신 일이싱교?"

"지금 니 서방 이리 나오라 캐라."

"무슨 일이신데예?"

"어허! 명대로 하지 몬하겠나?"

김언청의 마누라는 방으로 뛰어 들어가 잠시 후 남편을 데려 나왔다. 머리가 허연 김언청은 새파랗게 어린 양반 앞에서 꼴에 기죽기는 싫어서 도포 자락을 휘날리며 나왔다. 놈은 어디서 싸움질을 해댔는지 얼굴에 여기저기 멍이 들어있었고 안색도 좋지 않았다. 눈두덩이가 시퍼런 상놈이 도포를 걸치고 나왔으니 개 발에 편자요 돼지 목에 진주 목걸이였다.

"와요, 무신 일잉교?"

불손한 눈길로 아래위로 훑어보며 도포 자락을 휘날리고 있는 모습에 노상추는 화가 머리끝까지 났다.

"네 놈이 감히 어디라고 우리 안강 노씨 문중산에 소나무를 세 그루나 베어갔노?"

김언청은 나이도 어린 게 하는 표정으로 뻔뻔하게 대답했다.

"내가 무신 소나무를 베었다 카능교? 낸 그런 적 없소."

"네 이놈! 니 눈에는 이 마당에 깔린 소나무 톱밥이 안 뷔나?"

김언청은 갑자기 흠칫 놀라며 뭐라고 대꾸할 말을 찾으려 하지만 나오지 않아 얼버무렸다.

"그거는 마……."

"닥쳐라! 남우 산에 있는 소나무 세 그루 훔쳐서 팔아가 돈 마이 벌었구나! 그래가아 그 도포 자락 사 입었드나. 우데 상놈이 양반 앞에서 도포를 입고 나오노? 니가 니 손으로 그 도포 찢어라!"

"내가 와 내 도포를 찢능교? 와요?"

"니 지금 내 앞에서 안 찢으모 내 관아에 가서 니가 우리 문중산에 소나무를 훔친 죄로 고발할 끼다."

김언청은 그 말에 씩씩 대며 노상추를 노려봤다. 이런 도둑놈은 확실하게 밟아놔야 한다. 물렁하게 나가면 문중산의 소나무가 남아나지 않을 것이다.

"당장 몬 찢겠나? 아니면 관아에 끌리가 가아 곤장 백 대 맞고 싶나!"

김언청은 할 수 없다는 듯 도포를 벗고 노상추의 눈앞에 갖다 댄 후 도포를 찢었다. 갑자기 방안에서 김언청의 처가 울부짖으며 뛰어나왔다.

"안됩니더. 점례가 해온 도포를 찢으면 우야능교!"

김언청의 처는 남편의 팔을 붙들고 옷을 찢지 말라며 말렸지만 김언청은 노상추를 노려보며 도포를 발기발기 찢었다. 노상추는 집이 떠나가도록 쩌렁쩌렁하게 소리쳤다.

"한 번만 더 우리 문중산에 있는 나무에 손을 대면 도포 자락이 아이라 느그 목숨줄이 찢겨나갈 중 알아라! 알겠나?"

"아부지이⋯⋯."

방 안에 있는 김언청의 딸 점례도 뛰쳐나와 아버지를 잡고 소리치며 울었다. 노상추는 발걸음을 돌려 걸어갔다. 뒤에서 김언청의 처와 딸이 울부짖는 소리가 들렸다.

"아부지, 아부지, 정신 차리소. 정신 차리소! 일어나 방에 가 누우소."

"분하다, 분해! 그까짓 소나무가 뭐라꼬⋯⋯."

김언청의 처와 딸은 노상추의 뒤통수에 대고 차마 사람이 할 수 없는 욕과 저주를 퍼부었다. 상놈은 상놈이다. 무엄하게 남의 문중산의 귀한 소나무를 베어서 마음대로 팔아놓고 죄를 추궁해도 뉘우치기는커녕 잡아떼기나 하고 무릎 꿇고 애비의 잘못을 빌어도 시원찮을 판에 분하다고 이를 갈다니. 노상추는 양반을 깔보고 대드는 상놈들을 용서하지 않겠다고 다짐했다.

노상추는 집에 들러 점심을 먹은 후 술증과 희증이를 사랑채로 불러 숙제를 잘 했는지 검사했다. 술증은 중용을 외워가고 있었고 희증이는 천자문을 익히는데 둘 다 공부에는 별 소질이 없어 보였다. 노상추는 두 조카 중 하나라도 공부에 재주를 보이면 얼마나 좋을까 생각했다. 하지만 워낙 개구쟁이들이라 숙부 앞에서만 공부하는 시늉을 하고 있었다. 노상추는 눈을 감고 앉아 있었고 두 조카는 숙부의 눈치만 보며 책에 고개를 박고 있었다. 그러다 갑자기 술증이가 고개를 들고 말했다.

"숙부님, 어무이가 자꾸 아프다 카십니더."

노상추는 눈을 번쩍 떴다.

"아, 형수님이 편찮다 카시다?"

"어무이가 등에 종기가 나가 아프다 카십니더."
"아, 그래. 알았다."
노상추는 형수에게 가 물어보니 등에 종기가 나고 목도 뜨끔거리고 머리도 깨질 듯 아프다고 했다. 그다음 날 노상추는 한약사 전광규 의원을 찾아가 증상을 말했다.
"그기이 나이 어린 여자가 젊어서 청상과부가 되면 걸리는 병입니더. 어려서 과부가 되면 마음에 화가 쌓이는데 이기이 마 풍으로 번져가아 몸에 종기가 생기는 깁니더."
"그라면 우예야 되겠십니꺼?"
"창이해경탕(蒼耳解經湯)을 15첩 지어줄 테이 달여서 빈속에 마시라 카소. 이 약을 먹으면 음기가 강해져서 화를 가라앉힐 수 있습니더."
노상추가 약을 지어와 형수에게 주며 의원이 청상과부가 걸리는 병이라 했다고 하니 형수는 눈물을 찔끔거렸다. 안 그래도 외로운 형수가 새로 시집온 신부를 보고 더욱 외로움이 사무쳐 병까지 났다. 그러나 어쩌랴. 모두 자신의 운명을 짊어지고 살아야 하는 것 아닌가.
"형수요, 이 약을 드시면 마 화를 가라앉힐 수 있다 캅디더. 잘 드시 보소. 효험이 있으면 제가 더 지어드리겠심더."
형수는 눈물을 방울방울 흘리며 고개를 끄덕였다. 노상추는 위단이를 불러 약을 잘 달여서 형수님께 갖다드리라고 명했다. 형수가 밝은 마음으로 살아주면 참 좋을 텐데. 이러나저러나 청상의 운명인 것을 슬퍼하면 무엇하겠는가. 노상추는 형수가 새로 지어온 약을 먹고 기분이 밝아져 아내를 구박하지 말고 잘 대해 주기를 간절히 바랐다.
11월 말이 되어 겨울바람이 매서워질 무렵 노상추는 낙동서원에 열린 향회에 갔다가 놀라운 소식을 들었다. 낙동서원 원장님께서는 착잡한 표정으로 말하셨다.
"경상도 감영에서 우리 서원에 의견을 구해가아 내 맘대로 말할 수도 없고 해서 오늘 향회를 열었십니다. 이 선산에 김언청이라는 상놈이 지난 24일이 죽었십니다. 김언청의 처와 자식들이 김언청이를 장사지냈는데 아, 별안간 김언청의 사위라 카는 홍태점이라는 놈이 땅을 파가아 관을 꺼내서 문동골에 사는 박흥문 집으로 쳐들어 갔답니더. 그라더이 시신이 든 관을 사랑방에서 갖다 놓고 협박했다 캅니더."

'나리께서 이달 초에 우리 장인을 때리신 후로 우리 장인께서 시름시름 앓다가 이달 24일에 돌아가셨다 아입니꺼. 이거는 살인입니더. 내사 우리 불쌍한 장인어른 시신을 갖고 관아에 가서 살인죄로 나리를 고발할라 카는데 마, 우짜실랑교?'

"홍태점이라는 놈이나 그놈 장모나 아주 악독한 놈들인기이 우예 시신을 들고 가 양반을 겁박했겠십니꺼. 당장이라도 살인죄로 관아에 고발할 듯 했지마는 박흥문이가 소 두 마리 준다 카이 마 조타 카고 고발도 안 하고 장인 시신 끌고 집으로 가뿌렀다 카는 기라요. 그란데 이 소문이 경상도 감영까지 흘러 들어가아 경상도 관찰사께서 들으시고 강상의 도가 무너졌다 카시면서 양반이고 천민이고 따지지 말고 이 사건을 철저히 조사해서 법을 어긴 자를 엄벌에 처하라 캤다 캅니더."

"마, 그라믄 우예 되능교?"

한 어르신이 물었다.

"감영에서는 김언청이 살해당한 건지 아닌지를 우선 따져본다 합니더."

노상추는 어처구니가 없었다. 장인의 시신을 끌고 가 돈을 요구하다니 인간의 탈을 쓴 짐승이 따로 없구나. 그런데 갑자기 원장님께서 노상추를 보며 이야기하셨다.

"상추 자네에겐 참으로 하기 민망한 소리네만……."

"예?"

"김언청이의 마누라랑 딸이 안 그래도 박흥문에게 얻어맞아 사경을 헤매고 있는 자기 남편을 노상추 자네가 두들겨 팬 바람에 며칠 못 살고 죽었다 카더란다."

노상추는 하늘이 노래지는 것 같았다. 이 악독한 인간들이 감히 자기에게 살인죄를 덮어씌우려 하다니!

"그게 사실인가?"

원장님이 조심스레 물었다. 노상추는 김언청의 처와 딸이 자기 뒤통수에 대고 무지막지한 욕과 저주를 퍼부은 것이 기억났다. 아, 상것들이 결국 이렇게 복수를 하는구나. 이럴 때일수록 당황하면 안 된다. 그럼 상것들에게 당하는 거다. 노상추는 조금도 흐트러지지 않는 목소리로 말했다.

"이달에 제가 김언청과 목소리를 높인 건 사실입니다. 그자가 우리 문중산의 소나무를 마음대로 잘라가아 내다 팔았심더. 김언청을 찾아가서 나오라 캤더니 도포를 입고 나옵디더. 그래가아 제가 소나무를 마음대로 베어간 벌로 도포를 찢으라 캤십니더. 안 그라믄 관아에 고발하겠다 카이 김언청 그놈이 제 손으로 도포를 찢었습니더. 제가 다시는 우리 문중산에 들어오지 말라고 단단히 훈계하고 왔십니더. 그기 다입니더. 양반인 제가 상놈을 와 두들겨 패겠십니꺼? 그때 김언청의 처와 딸이 비싼 도포를 찢게 했다고 저에게 욕설을 퍼부었습니더. 아마 이렇게 된 김에 저에게도 복수를 하겠다는 심산인가 봅니더."

원장은 노상추의 말을 듣더니 더욱 걱정스럽다는 표정을 지었다.

"알았네. 내가 지금 자네가 한 말을 잘 적어서 감영으로 보낼 터이니 염려 말게."

향회의 어른들은 모두 노상추를 걱정했다. 노상추는 상것들의 농간에 절대 놀아나지 않겠다며 걱정하지 마시라고 했다. 씩씩한 노상추의 대답에도 어르신들의 얼굴은 밝아지지 않았다.

"걱정 마십시오. 설마 경상도 감영에서 천한 상것들이 즈그 마음대로 지껄이는 걸 듣고 감히 양반을 잡아가겠십니꺼?"
 천한 것들 같으니라고! 노상추는 김언청과 그의 식솔들을 생각하고 치를 떨었다. 그때 김언청의 안색이 좋지 않기는 했지만 그렇다고 그렇게 죽을지는 몰랐다. 자기에게 욕을 퍼부었던 그 천한 것들이 감히 어디라고 양반에게 살인죄를 덮어씌운단 말인가! 노상추는 너무나 어처구니없어서 분하지도 않았다. 걱정도 되지 않았다.
 며칠 후 노상추는 고남 활터에서 활을 쏘고 있었다. 달신 형과 휘신 형이 와서 노상추의 활쏘기를 보고 있었다. 노상추의 활이 모처럼 과녁을 명중했다.
 "와!"
 "와, 상추 니 진짜 마이 늘었다."
 휘신 형이 말했다.
 "명중하기는 어려븐데, 잘하네."
 달신 형이 고개를 끄덕이며 내년 무관 시험에 응시해보라고 했다.
 "그랄까? 내도 한양 땅을 함 밟아볼까?"
 "그래야지! 암!"
 그때였다. 장교 하나와 포졸 둘이 노상추에게로 다가왔다.
 "아, 당신이 노상추요?"
 포졸이 오더니 말했다.
 "그렇소."
 노상추가 대답했다. 그때 옆에 있던 장교가 큰 소리로 말했다.
 "노상추는 오라를 받으라! 김언청을 폭행하여 죽음에 이르게 한 혐의로 체포한다."
 "머, 머라꼬?"
 노상추는 그 장교가 하는 말을 믿을 수가 없었다. 내가 도대체 누굴 죽음에 이르게 한다는 말인가? 달신 형과 휘신 형이 장교에게 소리쳤다.

"보소. 이 사람은 안강 노씨 가문의 종손인 노상추요. 양반가 자제에게 이 무슨 해괴한 짓이오?"

"보아하니 사람을 잘못 본 것 같소. 당장 멈추시오."

옆에 있던 포졸 하나가 노상추에게 종이를 내밀었다.

"자, 여기 관지 있습니더. 함 읽어보이소."

노상추는 너무나 충격을 받아 손이 벌벌 떨렸다. 관지에는 노상추와 노수, 그리고 노윤까지 체포한다고 적혀있었다. 노상추는 그 자리에서 체포되어 선산부 관아에 끌려갔다. 두 손에 오랏줄을 매고 선산부로 걸어가는데 이게 꿈인지 생시인지 분간이 가지 않았다.

'이기이 무신 일이고. 세상에 우예 이런 일이 다 있노.'

노상추는 관아에 끌려갔다. 두 포졸은 노상추에게 선산 부사 앞에서 무릎을 꿇고 앉으라 명했다. 관아 마당 한편에는 김언청의 처와 그 딸이 앉아 있었다.

"바로 저 사람입니더. 저 사람이 제 남편을 마구 두들겨 팼심더. 즈 그 문중산에 소나무를 베어갔니 어쩌니 하면서 우리 집에 쳐들어 와가아 발로 밟고 주먹으로 사정없이 휘갈겼심더. 그날로 우리 집 양반이 정신을 잃어가아 며칠 후에 죽어 뿌릿심더."

김언청의 처와 딸이 노상추를 노려보는 눈에 살기가 가득했다. 독이 가득 찬 목소리로 노상추를 쳐다보며 있는 대로 고함을 쳤다.

"저 사람은 상놈 주제에 양반이나 입는 도포를 입었다 카미 우리 아부지 도포를 다 찢고 발길질하고 주먹으로 때렸심더. 박흥문이한테 죽도록 맞고 겨우 숨만 쉬고 있는 아부지를 개 패듯 두드려 패이까네 마, 바로 정신을 잃고 죽은 사람처럼 됩디더."

선산부사가 노상추를 바라보며 소리질렀다.

"지금 이 두 모녀가 하는 말이 사실이냐?"

노상추는 머리를 들고 선산 부사를 똑바로 쳐다보며 말했다.

"부사님, 김언청은 우리 문중산의 소나무를 세 그루나 베어가 자기 마음대로 팔아먹었습니더. 문중산의 귀한 소나무를 도둑맞고 가만있을 사람이 어디 있겠습니꺼? 지는 김언청을 찾아가 다시는 소나무를 베지 못하게 할 요량으로 스스로 도포를 찢으라고 명한 것뿐이지 제 손으로 김언청을 때린 일은 추호도 없습니더. 공맹의 도를 익힌 양반이 어찌 상놈을 손으로 때리는 일을 하겠습니꺼? 저는 살아생전 주먹으로 남을 때린 적이 없습니더. 값나가는 도포를 찢게 했다꼬 저 두 아녀자가 제게 원한을 품고 제멋대로 지껄이는 것일 뿐임더."

그 때 김언청의 처가 사악한 혀를 놀리며 고래고래 소리 질렀다.

"하이고, 터진 입이라고 저래 새빨간 거짓말을 잘도 해 대는구마. 우리 남편보고 도둑놈은 죽어 마땅하다고 주어팬 게 기억 안나니꺼? 공자 맹자가 그래 거짓말을 나불대라고 갈킵디꺼? 하늘이 안 무서븐교?"

"당신이 우리 아부지 배를 걷어찰 때마다 우리 아부지 입에서 피가 났다 아이요!"

그 옆에 딸이 더욱 악을 썼다. 노상추는 눈을 감았다. 차마 저런 상것들의 말에 대꾸하고 싶지 않았다. 노상추는 상것들보다 저 어처구니없는 거짓말을 믿고 자신을 오랏줄로 맨 선산부사에 더욱 화가 났다.

"밝은 해가 천하를 밝히고 있으니 무고를 당한다 캐도 지는 두려울 것이 없심더. 하지만 상놈들이 함부로 하는 말에 증거도 없이 양반을 함부로 끌고 와 욕을 보이는 것이 합당한 일입니꺼! 밝은 눈으로 명명백백 살펴주이소!"

그 말이 선산부사의 심기를 정통으로 건드렸다. 선산부사는 낯빛이 핵 바뀌더니 소리쳤다.

"여봐라, 죄를 밝힐 때까지 노상추 저자를 하옥하라!"

포졸들의 손에 끌려 나가며 노상추의 뒤통수에 대고 통쾌하다며 갈

걀 웃어대는 두 모녀의 웃음 소리가 노상추의 심장을 찔렀다. 노상추는 두 손을 묶이고 감옥으로 끌려갔다. 옥리가 감옥 안으로 들어와 목에 칼을 씌웠다. 두꺼운 나무가 어깨를 짓눌러서 아래를 내려다볼 수도 없고 위를 쳐다볼 수도 없었다. 감옥에서 노상추는 양반도 아니고 그저 옥리 앞에 무릎을 꿇은 죄인일 뿐이었다. 노비들을 호령하고 머슴을 부리며 집안을 다스리는 양반의 기상은 목을 죄어오는 칼 앞에 한줌의 재처럼 바스라졌다. 오물 냄새가 등천하는 감옥에서 상놈과 양반이 모두 섞여 목에 칼을 차고 앉아 있으니 사람이 이리 모욕을 당하면 병 없이도 죽을 수도 있겠구나 싶었다. 아, 세상일이 어찌 이럴 수 있단 말인가!

칼은 점점 무거워져서 어깨를 짓눌렀고 허리가 끊어지는 것 같았다. 몸을 이리저리 움직일 때마다 칼의 육중한 나무가 목을 쳤다. 속이 메스거렸고 머리가 빙빙 잡아돌아 쓰러질 것 같았다. 하지만 쓰러지면 칼이 목을 쳐서 쓰러질 수도 없었다. 바닥에서는 냉기가 올라와 온몸이 시려왔다. 이렇게 있다가는 며칠 못가 정말 황천길을 갈 수도 있겠구나. 이런 것이 형벌이구나. 평생 남 앞에서 손가락질 한번 당해본 적 없었는데 어려서부터 사서삼경을 읽으며 선비로써 수신에 힘쓰며 살아왔는데 감옥에서 칼을 쓰고 앉아 있는 게 웬 말인가. 어쩌다 이런 극악한 올무에 걸려든걸까. 그 때 노수와 노윤도 잡혀들어왔다.

"상추야, 니도 잡히 왔나?"

노수는 노상추를 보더니 소리를 지르며 울먹이는 소리로 말했다. 노수와 노윤도 목에 칼이 씌워졌다.

"두 분은 우예 오셨능교?"

노상추가 물었다.

"저 찢어 죽일 년이 내가 김언청이 박흥문에게 맞는 걸 본 증인이라 캐서 잡혀 왔다."

노수가 말했다.

"내는 홍태점 그 노무 자슥이 박흥문을 고발해가아 옥에 쳐넣어 달라꼬 형방에게 부탁해달라 캐서 해주꾸마 하고 대답한 기이 다. 그란데 내를 이래 감옥에 처넣어 뿌리네. 이기이 도대체 우예 된 기고?"

노윤이 분을 내며 이어서 말했다.

"저 홍태점인가 먼가 하는 놈이 동네에서 시체 걸머지고 이리저리 돌아댕길 때부터 알아봤어야 하는 긴데. 동네 사람들이 쑥덕이고 민심이 흉흉해지이까네 경상도 관찰사 귀에 꺼정 들어가서 마 선산 부사한테 양반이고 상놈이고 관련된 인사들을 다 싹 잡아들여 족치라 캤는 갑더라."

"정초에 토정비결에서 관재수가 있다 카더이……."

노윤은 칼을 잡고 눈을 감으며 말했다. 노수는 요리조리 꼼지락거리더니 옥리를 불렀다.

"보소, 보소!"

"와요?"

옥리가 다가와 말했다. 노수는 바짓가랑이에서 주섬주섬 돈 꾸러미를 꺼내며 말했다.

"자, 이 돈으로 여기 계신 분들 약주나 하이소."

돈 꾸러미를 꺼내는데 보니 상당한 돈이었다. 옥리가 무표정한 얼굴로 후딱 받아서 주머니에 넣은 후 사라졌다.

"스무 냥 줬데이."

"돈이 썩어나능교? 옥리들한테 그 많은 돈을 주구로!"

노상추가 분을 못 이겨 말했다. 억울한 옥살이에 돈까지 뜯겨야 한다니!

"상추야, 니가 언제 세상살이에 눈을 뜨겠노. 원래 칼과 수갑은 돈을 녹이는 화로니라. 우야노, 마, 돈을 써야지."

얼마 후 옥사장이 오더니 공손하게 말했다.

"높으신 양반들께서 이래 욕보셔가아 송구합니더. 지금 우리 선산 부사께서 나이도 어리시고 오신지 얼마 안 돼가아 업무 파악을 다 몬하신 것 같심더. 며칠만 기다리시면 안 풀리나시겠능교."

옥사장이 말한 후 옥리가 감옥에 들어와 셋의 칼을 풀어주었다. 돈의 위력이라니! 정말 인정하기 싫었지만 목에서 칼이 풀리니 살 것 같았다. 천하대장부의 산을 뽑을 듯한 기개도 무거운 칼 앞에 추풍낙엽에 지나지 않았다. 다음 날 아버지께서 감옥으로 찾아오셨다. 노상추는 아버지 앞에서 약한 모습을 보이기 싫었다. 피눈물이 나는 심정이었지만 운다면 저 상것들의 모함과 선산 부사의 무능함에 굴복하는 것 같아 절대 울지 않았다. 오직 분할 뿐이었다. 아버지는 노상추를 보시고 담담하게 말씀하셨다.

"일이 돌아가는 것을 보이 오래 잡혀 있지는 안하겠다."

"예."

"살다 보면 이런 일 저런 일이 다 생긴다. 분해하거나 억울하다 생각하지 말고 일의 전후를 잘 따져보고 미숙한 점이 없었는지 반성해보거라. 마음이라 카는 것은 덮지 못할 것이 없다마는 마음처럼 다스리기 힘든 것도 없다. 스스로 마음을 다스리는 기이 제일 어려븐 기라."

"예."

노상추는 아버지의 말에 눈물이 터져 나왔지만 이를 악물고 참았다.

"수야, 윤야, 느그들도 마 너무 걱정하지 말고 지내거라."

노상추는 눈을 들어 아버지를 쳐다봤다. 다른 건 다 괜찮지만 아내가 제일 걱정이었다. 새신부에게 이게 웬 횡액인가. 노상추는 아버지를 바라보고 아내의 안부를 물으려 하는 순간 그냥 입술만 조금 움직이다 입을 닫았다. 아버지는 일어나시며 말씀하셨다.

"집안은 편하다. 식구 모두 식사 잘하고 잘 지낸다. 니는 니 몸 하나 잘 건사하그라."

옥을 걸어 나가는 아버지의 뒷모습을 보며 아내가 그래도 잘 버티고 있구나 생각했다. 아내는 어려움을 이겨낼 것이다. 노상추는 힘을 냈다. 아내가 기다린다. 저것들이 뭐라고 이까짓게 뭐라고 그리 괴로워하겠는가. 내가 잘못이 없다는 것은 하늘이 알고 땅이 안다. 사필귀정이니 걱정하지 않는다.

감옥이 밖과 다른 점이 있다면 감옥에서는 시간이 돌아버릴 정도로 느리게 간다는 점과 옥리들과 관원들이 참을 수 없이 느리게 일한다는 것이다. 그 후로 사흘 동안 감옥에만 갇혀 있었다. 오천운 어른, 도세휘 어른, 인서동 족숙 등등 소식을 들은 친인척들이 많이 다녀가셨다. 교동의 서고모는 찬합에 식사를 가져와 감옥 안으로 들어오셔서 식사를 차려주셨다. 반가 아녀자들은 이렇게 힘한 곳에 올 수 없는데 서고모님이라 이렇게 흉한 곳에도 몸소 들어와 주시니 한없이 고마웠다. 서고모님은 옥리들에게도 돈을 쥐어주고 노상추에 대해 부탁하며 가셨다. 그다음 날 장교가 김언청의 시신을 싣고 왔다. 선산 부사가 직접 시체를 검안했지만 상처나 맞은 흔적이 조금도 없었다고 했다. 노상추는 노수, 노윤과 함께 관아 마당에 끌려가 공초(供招)[19]를 작성하는 일로 밤을 새우고 다시 하옥되었다. 그 후로도 며칠간 감옥에 갇혀있다가 관아 뜰에 끌려 나가 다시 심문받고 공초를 작성하는 일이 반복됐다. 노상추는 일관되게 김언청을 때린 적이 없다고 진술했다. 노수는 박흥문이 김언청을 때리는 것을 보았다고 진술하여 석방되었고 노윤도 죄가 없다며 석방됐지만 노상추는 다시 하옥됐다. 1차 시체 검안이 끝나자 2차로 옆 고을 인동 수령 이문섭이 와서 검안을 했다. 인동 수령은 시체에 상처가 없다는 것을 확인한 후 이렇게 터무니없는 옥사를 일으켰냐

---

19) 공초(供招): 조선시대 죄인이 범죄 사실을 진술하던 일.

며 아전들을 꾸짖었다. 노상추는 인동 수령이 인정했으니 이제 곧 풀려나나보다 기대했지만 풀려나지 못했다. 첫 번째 검안 보고서에 이어 두 번째 검안 보고서가 나왔다. 이제 경상도 감영의 판결만 나오면 되는데 계속 차일피일 미뤄졌다. 화가 치밀고 분이 끓어오르는 걸 참아내기가 정말 힘들었다. 감옥에서 죄수들이 갑자기 미친 듯 발광을 하고 소리를 지르고 자해를 하는 것을 보기도 했다. 노상추는 그들의 마음이 십분 이해가 갔다. 양반 신분이 아니었다면 자기도 저렇게 했을지 모른다. 옥에 갇힌지 열다섯 째 날, 12월 19일이 되자 드디어 옥사장이 와서 감영에서 회답이 왔다고 했다. 옥리 하나가 오더니 이방 김대령이 노상추에 대한 판결문 부분을 베껴 보냈다며 쪽지를 주었다. 노상추는 떨리는 손으로 펼쳐 읽었다.

'노상추는 젊은 유생으로 민촌의 상놈에게 호령하여 의복을 찢었는데 무력을 함부로 쓰는 습관을 미루어 알 수 있으니 태 30대를 치고 단단히 조심하도록 훈계해서 석방하라.'

이럴 수가! 노상추는 너무나 원통하여 주먹으로 땅을 내리쳤다. 시체에 때린 흔적이 없었는데 어찌하여 내가 무력을 사용하는 습관으로 미루어 알 수 있다 하였을까. 어찌 양반의 말은 듣지 않고 상것들의 말만으로 형벌을 정하였을까. 뭐가 잘못됐단 말인가? 선산부사에게 대들 듯 말한 것이 이런 형벌을 불러왔단 말인가? 이 조선은 도대체 누구를 위한 나라인가? 이 사건으로 인해 감옥에 갇혔던 죄수들은 모두 풀려났지만 김언청을 때린 박흥문은 형신 30대에 처해졌고 노상추는 태 30대에서 정상 참작하여 태 15대로 감해졌다. 노상추는 틀에 매였다. 포졸 하나가 옆에 있다가 노상추에게 귓속말로 낮게 말했다.

"살살 할테이까네 소리를 크게 지르소."

포졸들은 저희끼리 눈짓을 주고 받았다. 몽둥이를 들고 온 포졸 하나가 손에 침을 탁탁 뱉었다.

"따악!"

"으악!"

"한 대요!"

가장 가벼운 벌이 태형이다. 살살 때린다더니 한 대만 맞아도 정신이 아득해졌다. 다섯 대쯤 맞았을 때에는 살이 찢어질 것 같았고 열 대쯤 맞았을 때는 뼈가 부러질 것 같았다. 열다섯 대를 맞을 때 쯤에 갑자기 눈에서 귤 열다섯 개가 보였다. 옥에 갇히기 전 꿈에 귤 열다섯 개를 하사받았는데 무슨 뜻인가 했더니 이거였구나. 관운이 트인다 좋아했는데 관재수에 처맞는 꿈이었구나.

15대를 맞고 풀려나니 앞에 완복이와 아버지, 그리고 점발이와 만의가 와 있었다. 노상추는 점발이의 등에 업혀 집으로 돌아왔다. 집 앞에 오니 아내가 달려 나와 노상추를 부축하며 눈물을 흘렸다. 형수와 술증이 희증이도 노상추에게 달려들며 울었다.

"숙부님, 숙부니임……."

"도련님요! 괘안으싱교?"

보름만에 따뜻한 구들을 살에 접하니 온몸이 녹아드는 것 같았다. 오물 냄새가 나는 감옥에서 짐승처럼 지내다가 깨끗하고 정갈한 이불을 보니 이곳이 천당이로구나. 옷을 간신히 갈아입고 이불 위에 누우니 아내가 수건으로 몸을 닦아주었다.

"여보!"

노상추가 말했다.

"예!"

"당신 괘안소?"

"괜찮고마고요. 아, 그라고 이달 19일에 아가씨께서 아들을 출산하셨습니더."

"효명이가 아들을 낳았다꼬?"

"예! 아가씨도 밥도 잘 드시고 건강하시고 아들내미도 건강하다 캅니더."

"참말로 잘됐구마는. 참말로…….."

노상추는 정신이 가물가물해지는 가운데 무척 기뻤다. 엉덩이는 쑤셔도 효명이가 건강한 아들을 잘 낳았다니 이보다 더 기쁜 일이 있으랴. 아내와 더 이야기하고 싶었지만 정신이 점점 흐려지면서 아내가 엉덩이에 약을 발라주는 것을 느끼며 깊은 잠에 빠져들었다.

〈제2권 끝〉

참고 문헌

도서
국사편찬위원회 노상추 일기, 2017
국사편찬위원회 천민 예인의 삶과 예술의 궤적, 2007
국사편찬위원회 그림에게 물은 사대부의 생활과 풍류, 2007
국사편찬위원회 상장례, 삶과 죽음의 방정식, 2005
국사편찬위원회 한 해, 사계절에 담긴 우리 풍속, 2011
국사편찬위원회 유교적 사유와 삶의 변천, 2009
국사편찬위원회 농업과 농민, 천하대본의 길, 2009
국사편찬위원회 고문서에게 물은 조선시대 사람들의 삶, 2009
이두순　　　문틈으로 본 조선 농업과 사회상, 한국농촌경제연구원, 2018
문숙자　　　68년의 나날들, 조선의 일상사, 너머북스, 2009
김동석　　　조선시대 선비의 과거와 시권, 한국학중앙연구원출판부, 2021
정해은　　　조선의 무관과 양반사회, 역사산책, 2021
김학수 외 13　선비의 답안지, 한국학중앙연구원, 2018

논문
정해은　　　『선고일기(先考日記)』의 특징과 가치 - 노상추·노철 부자의 일기 쓰기 의미, 영남대 민족문화연구소, 2022
오항녕　　　조선 숙종대 실록의 수정 시도와 누설, 전주대, 2018
박현순　　　조선시대 과거수험서, 2008
전종한　　　조선 후기 읍성취락의 경관 요소와 경관 구성, 한국지역지리학회, 2015
양숙향-이혜경　조선후기 풍속화에 나타난 여성의 생활상과 복식문화, 한국지역사회생활과학회지, 2007
김성희　　　조선시대 여성의 가내외에서의 일상생활, 순천대학교, 2003

권복규	조선 전기 역병에 대한 민간의 대응, 서울대, 1999
황위주	'사부일과'를 통해 본 선비의 하루 일상, 퇴계학론집, 2014

웹사이트
스토리테마파크	https://story.ugyo.net/
한국사데이터베이스	https://db.history.go.kr/

표지그림
채용신	평생도 병풍 [출처] 국립중앙박물관
김홍도	활쏘기 〈단원 풍속도첩〉 [출처] 국립중앙박물관
선산부 지도	[출처] 서울대학교 규장각한국학연구원
배경	[출처] gettyimagesbank

1판 1쇄 발행	2024년 1월 29일
지은이	김도희
발행인	김도희
발행처	JS&D
디자인·편집	(주)교육다움
표지 삽화	김보령
감수	노용순
주소	서울시 강남구 헌릉로 590길 63
전화	02-459-5090
팩스	02-459-5090
이메일	jsd@jsdcontents.com
출판등록	제2023-000329호

ⓒ 김도희, 2023
ISBN 979-11-985686-3-2 (제2권 활을 잡다)
ISBN 979-11-985686-0-1 (세트)

이 도서는 저작권법에 따라 보호받는 저작물이므로 저작권자와 출판사의 동의 없이 무단 전재 및 복제를 금지합니다. / 복제하거나 다른 용도로 사용할 수 없습니다.